BLESSURES INVISIBLES

———◆———

Comprendre et aborder la maltraitance des personnes âgées.

Par
Danish Ali Bajwa & Usama Bajwa

Droits d'auteur © 2023 par la publication RK Books

Le contenu contenu dans ce livre ne peut être reproduit, dupliqué ou transmis sous quelque forme que ce soit ou par quelque système de recherche que ce soit, connu actuellement ou à inventer ultérieurement, sans la permission écrite directe de l'auteur ou de l'éditeur. En aucun cas, l'éditeur ou l'auteur ne pourra être tenu responsable de tout dommage, réparation ou perte monétaire résultant des informations contenues dans ce livre, que ce soit directement ou indirectement.

Avis juridique :

Ce livre est protégé par le droit d'auteur. Ce livre est uniquement destiné à un usage personnel. Vous ne pouvez pas modifier, distribuer, vendre, utiliser, citer ou paraphraser une partie du contenu de ce livre sans le consentement de l'auteur ou de l'éditeur. La "utilisation équitable" signifie qu'un résumé ou une citation avec le crédit approprié à l'auteur est autorisé.

Avis de non-responsabilité :

Veuillez noter que les informations contenues dans ce livre sont uniquement à des fins éducatives. Tous les efforts ont été déployés pour présenter des informations précises, à jour, fiables et complètes. Aucune garantie d'aucune sorte n'est déclarée ou implicite. Les lecteurs reconnaissent que l'auteur ne fournit pas de conseils juridiques, financiers, médicaux ou professionnels. Le contenu de ce livre a été tiré de diverses sources. Veuillez consulter un professionnel qualifié avant d'essayer les techniques décrites dans ce livre. En lisant et en utilisant ce livre, le lecteur accepte que, en aucune circonstance, l'auteur ne soit responsable des pertes directes ou indirectes subies en raison de l'utilisation des informations contenues dans ce livre, y compris, mais sans s'y limiter, les erreurs, omissions ou inexactitudes.

Courriel: rkbooks16@gmail.com

EBOOK ISBN : 978-969-3492-57-6

LIVRE DE POCHE ISBN : 978-969-3492-58-3

COUVERTURE RIGIDE ISBN : 978-969-3492-59-0

Biographie des auteurs

Danish Ali Bajwa et Usama Bajwa, collectivement connus sous le nom des Frères Bajwa, forment un duo d'écrivains dynamiques reconnus pour leur vaste gamme d'œuvres publiées couvrant plusieurs genres. Nés et élevés dans un foyer où la créativité et la connaissance étaient profondément valorisées, ces frères ont exploité leur talent inné pour raconter des histoires et explorer dans une carrière florissante dans le domaine de la littérature.

Danish Ali Bajwa est un écrivain prolifique doté d'une capacité unique à se connecter avec un public diversifié. Avec une voix distincte, il a contribué à une vaste collection de livres pour enfants, où il entrelace élégamment des leçons de vie essentielles avec des récits captivants qui résonnent auprès des jeunes esprits. Au-delà de la littérature pour enfants, le portefeuille d'Usama comprend également plusieurs livres de motivation. Il a un don particulier pour inspirer et motiver les lecteurs grâce à ses récits captivants et à ses représentations authentiques de l'esprit humain. Les mots d'Usama servent de phare de positivité, inspirant les lecteurs à surmonter leurs peurs et à atteindre leur véritable potentiel.

Usama Bajwa, quant à lui, apporte une perspective analytique à leur collaboration d'écriture. Avec un vif intérêt pour l'intersection entre les affaires et la technologie, Danish a écrit plusieurs livres informatifs, rendant des sujets complexes accessibles et engageants pour les lecteurs. L'expertise de Danish dans les domaines des affaires et de la technologie se manifeste dans ses guides complets et intuitifs. Il excelle à présenter des idées innovantes et des tendances futures avec une compréhension ancrée des besoins commerciaux contemporains, faisant de ses livres une référence dans les bibliothèques des entrepreneurs ambitieux et des passionnés de technologie.

Ensemble, Danish et Usama ont cultivé un style d'écriture unique et diversifié qui captive leurs lecteurs, les maintenant absorbés de la première à la dernière page. Leurs livres reflètent souvent la symbiose de leurs intérêts et de leur expertise différents, ainsi que le puissant équilibre entre l'émotion et la logique. Malgré leurs intérêts variés, ils partagent un engagement à créer une littérature de haute qualité à la fois captivante et éclairante. Les Frères Bajwa continuent d'établir leur présence dans le monde de la littérature, bâtissant un héritage de livres perspicaces, provocateurs de réflexion et enchanteurs qui font réellement la différence.

PRÉFACE

Bienvenue dans "Les blessures invisibles : Comprendre et lutter contre la maltraitance des personnes âgées". Ce livre vise à mettre en lumière un problème répandu et souvent négligé qui affecte la vie des personnes âgées du monde entier : la maltraitance des personnes âgées. Il s'agit d'une ressource complète qui explore les différentes dimensions de la maltraitance des personnes âgées, offre des informations précieuses sur son impact et propose des stratégies pour y remédier et la prévenir.

La maltraitance des personnes âgées est un problème profondément préoccupant et déchirant qui est répandu tant dans les pays développés que dans les pays en développement. Cependant, elle reste largement cachée derrière des portes closes, laissant les blessures infligées aux personnes âgées invisibles aux yeux de la société. Ces blessures peuvent être physiques, émotionnelles, financières ou résulter de la négligence, et elles ont un impact profond sur le bien-être et la qualité de vie des personnes âgées.

La motivation derrière ce livre est de sensibiliser, de favoriser la compréhension et d'inspirer l'action pour lutter contre la maltraitance des personnes âgées. En explorant les subtilités de ce problème, nous espérons donner aux lecteurs les moyens de reconnaître les signes de la maltraitance des personnes âgées, de réagir efficacement et de contribuer à la prévention de ces mauvais traitements dans leurs communautés et au-delà.

Dans les chapitres suivants, nous entreprendrons un voyage d'exploration et d'éducation. Nous commencerons par définir la maltraitance des personnes âgées et fournir un aperçu de ses différentes formes, notamment physique, émotionnelle, financière et de négligence. Chaque chapitre explorera en détail ces formes, en examinant leurs caractéristiques, leurs manifestations et leur impact sur les personnes âgées.

Comprendre les causes profondes et les facteurs contributifs de la maltraitance des personnes âgées est essentiel pour élaborer des stratégies efficaces de prévention et d'intervention. Dans les chapitres suivants, nous examinerons les déterminants sociaux, culturels et économiques qui sous-tendent la maltraitance des personnes âgées. En explorant ces facteurs, nous visons à favoriser une compréhension plus profonde des complexités entourant la maltraitance des personnes âgées et à identifier des voies de changement.

Reconnaissant que la prévention est essentielle pour lutter contre la maltraitance des personnes âgées, nous explorerons des stratégies visant à créer des environnements favorables au vieillissement, à promouvoir la sensibilisation et à encourager une culture du respect envers les personnes âgées. Nous croyons qu'en cultivant une société qui valorise et chérit ses aînés, nous pouvons établir une base solide pour la prévention de la maltraitance des personnes âgées.

Tout au long de ce livre, nous mettrons l'accent sur l'importance du soutien et de la guérison pour les survivants de la maltraitance des personnes âgées. Nous examinerons les conséquences à long terme de la maltraitance et son impact sur le bien-être physique et émotionnel des personnes âgées. En explorant les soins axés sur les traumatismes, le counseling et les services de soutien, nous visons à fournir des orientations et des ressources pour ceux qui travaillent avec les survivants de la maltraitance des personnes âgées.

Ce livre adopte également une perspective mondiale sur la maltraitance des personnes âgées. Reconnaissant que ce problème transcende les frontières géographiques, culturelles et socio-économiques, nous explorerons les perspectives interculturelles et examinerons les défis auxquels sont confrontées différentes sociétés dans la lutte contre la maltraitance des personnes âgées. En comprenant les contextes culturels dans lesquels la maltraitance se produit, nous pouvons élaborer des stratégies culturellement sensibles qui résonnent avec diverses communautés.

Nous espérons que ce livre servira de catalyseur de changement, un appel à l'action pour les individus, les communautés, les organisations et les décideurs afin de donner la priorité au bien-être et aux droits des personnes âgées. Nous croyons qu'en mettant en lumière la maltraitance des personnes âgées, en favorisant la sensibilisation et en dotant les lecteurs de connaissances et d'outils, nous pouvons travailler collectivement vers un avenir où la maltraitance des personnes âgées est éradiquée et où les personnes âgées sont protégées, respectées et valorisées.

Nous vous invitons à entreprendre ce voyage avec nous, à explorer les profondeurs de la maltraitance des personnes âgées, à comprendre son impact et à être inspirés à agir. Ce faisant, nous pouvons créer un monde où les personnes âgées peuvent vieillir avec dignité, sécurité et le soutien qu'elles méritent. Ensemble, mettons en lumière les blessures invisibles de la maltraitance des personnes âgées et travaillons vers une société qui chérit et protège sa population âgée.

Sommaire

Introduction 1

CHAPITRE 1 Définir la Maltraitance des Personnes Âgées 5

    Types de Maltraitance des Personnes Âgées 5

    Reconnaître les Signes de Maltraitance des Personnes Âgées 9

KAPITEL 2 Das Verständnis der Auswirkungen von Misshandlung älterer Menschen 13

    Körperliche, emotionale und psychologische Auswirkungen von Misshandlung älterer Menschen 17

    Komplexes Zusammenspiel von physischen, emotionalen und psychologischen Auswirkungen 19

    Langzeitfolgen für Gesundheit und Wohlbefinden 21

KAPITEL 3 Untersuchung der Faktoren, die zu Misshandlung älterer Menschen beitragen 26

    Isolation sociale et solitude par rapport à la maltraitance des personnes âgées 29

    Stress et Épuisement des Aidants Familiaux par rapport à la Maltraitance des Personnes Âgées 33

    Contraintes Financières et Exploitation en Relation avec la Maltraitance des Personnes Âgées 37

CHAPITRE 4 **Identification des Populations Vulnérables en Relation avec la Maltraitance des Personnes Âgées**..................43

    La Démence et l'Altération Cognitive en Relation avec la Maltraitance des Personnes Âgées......................................48

    Vulnérabilités à la Maltraitance des Personnes Âgées...............49

    Les Personnes Âgées en Situation de Handicap par Rapport à la Maltraitance des Personnes Âgées....................................53

    Les Communautés Minoritaires et Sous-desservies par Rapport à la Maltraitance des Personnes Âgées................................56

CHAPITRE 5 **Briser le Silence : Signalement et Intervention dans la Maltraitance des Personnes Âgées**........................63

    Le Rôle des Diverses Parties Prenantes dans l'Intervention.......64

CHAPITRE 5 **Signalement de la maltraitance des personnes âgées Considérations légales et éthiques**.......................69

    Responsabilités éthiques des professionnels et des particuliers .70

    Approches à l'intervention et au soutien en cas de maltraitance des personnes âgées...73

    Stratégies d'intervention : Planification de la sécurité...............75

CHAPITRE 6 **Prévention de la maltraitance des personnes âgées**..79

    Facteurs de Risque et Facteurs de Protection 80

Promouvoir la Sensibilisation et l'Éducation sur la Maltraitance des Personnes Âgées 84

Renforcer les Réseaux de Soutien et les Ressources dans la Prévention de la Maltraitance des Personnes Âgées 90

CHAPITRE 7 Donner du pouvoir aux personnes âgées 96

Améliorer le bien-être et la qualité de vie................................ 97

Encourager l'autodéfense et l'indépendance 101

L'importance des connexions sociales et de l'engagement 106

CHAPITRE 8 Bâtir un Avenir Plus Sûr 112

L'Importance de Bâtir un Avenir Plus Sûr............................... 112

Prévention de l'Isolation Sociale... 113

Recommandations Politiques et Changements Législatifs 117

Collaboration et Initiatives Communautaires 122

CHAPITRE 9 Guérison et Rétablissement 128

L'Importance de la Guérison et du Rétablissement : La guérison et le rétablissement sont cruciaux pour plusieurs raisons 128

Les Soins Infirmiers Basés sur le Traumatisme pour les Survivants de la Maltraitance des Personnes Âgées 133

Approches Thérapeutiques et Services de Soutien pour les Survivants de la Maltraitance des Personnes Âgées 138

CHAPITRE 10 Perspectives Mondiales sur la Maltraitance des Personnes Âgées... 145

Prévalence et Formes de la Maltraitance des Personnes Âgées145

Perspectives interculturelles et défis dans la lutte contre la maltraitance des personnes âgées..149

Créer un monde sans maltraitance envers les personnes âgées 154

Conclusion 159

INTRODUCTION

La maltraitance des personnes âgées est un grave problème sociétal qui demande notre attention et nos efforts concertés pour protéger et soutenir les personnes âgées. Ce livre, intitulé "Blessures invisibles : Comprendre et lutter contre la maltraitance des personnes âgées", se veut un guide complet pour mettre en lumière l'épidémie cachée de la maltraitance des personnes âgées, fournissant des informations précieuses, des connaissances et des stratégies pour lutter contre ce problème omniprésent. En explorant les différentes dimensions de la maltraitance des personnes âgées, son impact sur les individus et la société, ainsi que les interventions et les mesures préventives disponibles, ce livre vise à donner aux lecteurs les moyens de faire une différence positive dans la vie des personnes âgées.

Le titre "Blessures invisibles" encapsule la nature cachée de la maltraitance des personnes âgées, car les blessures infligées aux personnes âgées sont souvent invisibles pour la société. La maltraitance des personnes âgées se produit derrière des portes closes, au sein des familles, des relations de soins et des communautés, laissant des cicatrices durables dans la vie des personnes âgées. Le but de ce livre est de mettre en lumière ces blessures, de sensibiliser et d'inspirer l'action pour créer un monde où la maltraitance des personnes âgées n'est pas tolérée.

Blessures invisibles

Le livre adopte une approche globale de la compréhension de la maltraitance des personnes âgées, englobant diverses formes de maltraitance, notamment physique, émotionnelle, financière et de négligence. Grâce à l'exploration d'études de cas, de résultats de recherche et d'avis d'experts, les lecteurs acquerront une compréhension approfondie de la dynamique, de la prévalence et des conséquences de la maltraitance des personnes âgées. En éclairant les aspects multifacettes de la maltraitance des personnes âgées, les lecteurs seront équipés des connaissances nécessaires pour reconnaître, réagir et prévenir la maltraitance dans leur propre vie et leur propre communauté.

Reconnaissant que la maltraitance des personnes âgées est un problème complexe influencé par des facteurs sociaux, culturels et économiques, ce livre examine les causes profondes et les facteurs contributifs qui perpétuent la maltraitance des personnes âgées. En examinant le contexte social plus large, les lecteurs comprendront les interactions de l'âgisme, du stress des aidants, de la contrainte financière, de l'isolement social et d'autres déterminants qui exacerbent la vulnérabilité des personnes âgées à la maltraitance.

De plus, ce livre met en avant l'importance de l'intervention précoce et du soutien aux survivants de la maltraitance des personnes âgées. En examinant l'impact de la maltraitance sur la santé physique et émotionnelle des personnes âgées, les lecteurs comprendront le besoin urgent de services de soutien efficaces pour faire face aux conséquences durables de la maltraitance. Les soins axés sur les traumatismes, le counseling, les groupes de soutien et l'accès aux ressources sont explorés en tant que composantes essentielles du processus de guérison et de rétablissement des survivants de la maltraitance des personnes âgées.

En plus de répondre aux besoins immédiats des survivants, ce livre met également l'accent sur le rôle critique de la prévention dans la lutte contre la maltraitance des personnes âgées. En explorant des stratégies pour sensibiliser, promouvoir l'éducation et encourager une culture du respect envers les personnes âgées, les lecteurs seront inspirés à prendre des mesures proactives dans leurs communautés et leurs institutions pour prévenir la maltraitance dès le départ. De l'autonomisation des aidants à la création d'environnements favorables au vieillissement, le livre propose des approches pratiques pour créer une société de soutien et exempte de maltraitance pour les personnes âgées.

Reconnaissant que la maltraitance des personnes âgées ne se limite pas à une région ou à une culture spécifique, ce livre adopte une perspective mondiale sur la question. En explorant les perspectives interculturelles et en examinant les défis auxquels sont confrontées différentes sociétés dans la lutte contre la maltraitance des personnes âgées, les lecteurs acquerront une compréhension nuancée des contextes culturels qui façonnent la dynamique de la maltraitance. Cette approche interculturelle favorise l'appréciation de la diversité et informe le développement de stratégies culturellement sensibles pour lutter efficacement contre la maltraitance des personnes âgées.

"Les blessures invisibles : Comprendre et lutter contre la maltraitance des personnes âgées" est une ressource complète qui vise à mettre en lumière l'épidémie cachée de la

maltraitance des personnes âgées. En fournissant des informations sur les différentes formes de maltraitance, les facteurs contributifs, l'impact sur les personnes âgées et les stratégies de prévention et d'intervention, ce livre donne aux lecteurs les connaissances et les outils nécessaires pour agir. C'est un appel à la société, aux individus, aux communautés, aux organisations et aux décideurs pour prioriser le bien-être et les droits des personnes âgées et créer un monde où la maltraitance des personnes âgées n'est pas tolérée. Ensemble, nous pouvons mettre en lumière ces blessures invisibles, soutenir les survivants et travailler vers un avenir où les personnes âgées sont protégées, respectées et valorisées.

Chapitre 1
Définir la Maltraitance des Personnes Âgées

La maltraitance des personnes âgées est un problème dérangeant et omniprésent qui exige notre attention et notre compréhension. Dans ce chapitre, nous entamons une exploration complète de la maltraitance des personnes âgées, visant à fournir une définition claire et une compréhension de ses différentes formes. En définissant la maltraitance des personnes âgées et en examinant ses manifestations, nous posons les bases pour reconnaître et traiter ce grave problème.

La maltraitance des personnes âgées englobe une série d'actions nuisibles ou d'omissions causant des préjudices, de la détresse ou de la souffrance aux personnes âgées. C'est une violation des droits de l'homme et une trahison de la confiance, avec des conséquences dévastatrices pour ses victimes. Comprendre les différents types de maltraitance des personnes âgées est crucial pour reconnaître sa présence et prendre des mesures appropriées.

Types de Maltraitance des Personnes Âgées

La maltraitance des personnes âgées englobe une série d'actions nuisibles ou d'omissions causant des préjudices, de la détresse ou de la souffrance aux personnes âgées. Pour aborder efficacement ce problème pressant, il est crucial de comprendre les différents types de maltraitance des personnes âgées qui existent. Dans ce chapitre, nous explorerons les différentes formes de maltraitance des personnes âgées, examinant leurs caractéristiques, leurs indicateurs et l'impact profond qu'elles ont sur la vie des personnes âgées.

Maltraitance Physique

La maltraitance physique implique l'utilisation intentionnelle de la force qui entraîne des douleurs, des blessures ou des handicaps pour une personne âgée. Elle peut se manifester par des actions telles que frapper, gifler, pousser ou restreindre. Les auteurs de ces actes peuvent recourir à la maltraitance physique pour exercer un contrôle ou exprimer leur frustration. Les personnes âgées victimes de maltraitance physique portent souvent des signes visibles tels que des ecchymoses, des fractures, des lacérations ou des entorses. Dans certains cas, ces blessures peuvent être expliquées ou dissimulées, rendant leur détection difficile.

Maltraitance Émotionnelle et Psychologique

La maltraitance émotionnelle et psychologique inflige une douleur mentale, une angoisse ou une détresse aux personnes âgées par des moyens verbaux ou non verbaux. Cette forme de maltraitance peut prendre diverses formes, dont l'humiliation, les moqueries, les insultes, les menaces, l'intimidation ou l'isolement de l'individu vis-à-vis des interactions sociales. Les auteurs peuvent diminuer la valeur personnelle de la personne âgée, manipuler ses émotions ou saper sa confiance en elle. La maltraitance émotionnelle et psychologique ne laisse souvent pas de marques visibles, ce qui la rend difficile à détecter. Cependant, son impact sur le bien-être mental et émotionnel des personnes âgées peut être grave, entraînant dépression, anxiété, repli sur soi ou diminution de l'estime de soi.

Exploitation Financière

L'exploitation financière implique l'utilisation non autorisée ou inappropriée des ressources financières d'une personne âgée à des fins personnelles. Les auteurs peuvent manipuler ou tromper les personnes âgées pour obtenir accès à leurs avoirs financiers ou exploiter leur vulnérabilité pour prendre le contrôle de leurs finances. Cela peut inclure le vol d'argent, la contrefaçon de signatures, le coercition pour modifier des testaments ou des actes de propriété, ou l'utilisation d'une influence indue pour manipuler les décisions financières. Les signes d'exploitation financière peuvent inclure des changements soudains ou inexpliqués dans le statut financier, des fonds manquants, des retraits non comptabilisés ou une utilisation non autorisée de cartes de crédit. L'impact de l'exploitation financière va au-delà de la perte d'argent et d'actifs, érodant souvent la confiance, la sécurité et l'indépendance des personnes âgées.

Négligence

La négligence survient lorsqu'un soignant ou une personne responsable ne fournit pas les soins, le soutien ou l'attention nécessaires pour répondre aux besoins de base d'une personne âgée. Elle peut se manifester de différentes manières, notamment en ne fournissant pas une alimentation adéquate, de l'eau, des vêtements, un abri, une hygiène, des soins médicaux ou un soutien émotionnel. La négligence peut résulter d'un manque d'attention intentionnel ou de l'incapacité du soignant à remplir adéquatement ses responsabilités. Les signes de négligence peuvent inclure la malnutrition, la déshydratation, une mauvaise hygiène personnelle, des affections médicales non traitées, des conditions de vie dangereuses ou l'isolement social. La négligence peut avoir des conséquences graves sur la santé physique, émotionnelle et globale des personnes âgées, aggravant les problèmes de santé existants et contribuant à une baisse de leur qualité de vie.

Maltraitance Sexuelle

La maltraitance sexuelle implique tout contact ou activité sexuelle non consenti imposé à une personne âgée. Cela inclut les contacts sexuels non désirés, les rapports sexuels, la nudité coercitive ou toute forme d'exploitation sexuelle. Les auteurs peuvent profiter de vulnérabilités, telles que des incapacités physiques ou cognitives, pour commettre des abus sexuels. Il est crucial de reconnaître que les personnes âgées peuvent subir des abus sexuels et que le consentement est un facteur essentiel dans toute interaction sexuelle, quel que soit l'âge. Les personnes âgées victimes d'abus sexuels peuvent présenter des signes physiques de blessures ou d'inconfort, des changements de comportement, une détresse émotionnelle ou un repli sur soi vis-à-vis des interactions sociales.

Comprendre les différents types de maltraitance des personnes âgées est essentiel pour reconnaître et traiter ce problème critique. La maltraitance physique, la maltraitance émotionnelle et psychologique, l'exploitation financière, la négligence et la maltraitance sexuelle sont toutes des formes de mauvais traitements infligées aux personnes âgées.

Reconnaître les Signes de Maltraitance des Personnes Âgées

La maltraitance des personnes âgées est une réalité dérangeante qui se produit souvent derrière des portes closes, rendant crucial de reconnaître les signes et les indicateurs. Identifier la maltraitance des personnes âgées est un processus complexe qui nécessite une sensibilisation, de l'observation et une compréhension approfondie des différentes formes de mauvais traitements que les personnes âgées peuvent subir. Dans ce chapitre, nous explorerons les signes de maltraitance des personnes âgées, en prêtant attention aux indicateurs physiques, comportementaux, émotionnels et environnementaux. En nous familiarisant avec ces signes, nous pouvons jouer un rôle essentiel en intervenant et en protégeant les personnes âgées contre de nouveaux préjudices.

Indicateurs Physiques

Les indicateurs physiques de maltraitance des personnes âgées peuvent inclure des signes visibles de blessures ou de négligence. Ceux-ci peuvent aller des ecchymoses, des plaies ou des brûlures inexpliquées aux fractures, entorses ou autres blessures inconciliables avec l'explication donnée. Les soignants ou les membres de la famille peuvent tenter de dissimuler les blessures en maintenant la personne âgée isolée ou en fournissant des explications invraisemblables pour les marques. Une mauvaise hygiène, la malnutrition, la déshydratation, la perte de poids ou des affections médicales non traitées sont également des signes physiques pouvant suggérer de la négligence ou de la maltraitance.

Indicateurs Comportementaux

Les changements de comportement peuvent être des indicateurs significatifs de maltraitance des personnes âgées. Les personnes âgées victimes de maltraitance peuvent présenter de la peur, de l'anxiété ou de l'agitation en présence de certaines personnes, en particulier les soignants ou les membres de la famille. Elles peuvent devenir renfermées, émotionnellement distantes ou socialement isolées. Des changements inexpliqués d'humeur ou de personnalité, tels que des passages soudains d'une nature extravertie à une dépression ou une anxiété, devraient également susciter des inquiétudes. D'autres indicateurs comportementaux peuvent inclure des perturbations du sommeil, des changements inexpliqués de l'appétit ou des comportements d'auto-apaisement comme le balancement ou les murmures.

Indicateurs Émotionnels

La maltraitance des personnes âgées a un impact sur le bien-être émotionnel des personnes âgées. Les indicateurs émotionnels peuvent inclure des expressions de peur, de tristesse, d'impuissance ou de désespoir. Les personnes âgées victimes de maltraitance peuvent montrer des signes de faible estime de soi, de honte ou de culpabilité, se blâmant souvent pour les mauvais traitements qu'elles subissent. Elles peuvent devenir excessivement soumises ou dépendantes de leurs abuseurs. De plus, la perte soudaine d'intérêt pour les activités qu'elles appréciaient autrefois, la réticence à communiquer ou l'expression de la peur envers certaines personnes peuvent indiquer une maltraitance émotionnelle.

Indicateurs Environnementaux

L'environnement dans lequel les personnes âgées résident peut également fournir des indices précieux concernant une éventuelle maltraitance des personnes âgées. Les signes de négligence ou de soins insuffisants peuvent être évidents dans des conditions de vie insalubres, des environnements encombrés ou dangereux, un manque d'équipement médical nécessaire ou d'appareils d'assistance, ou un chauffage ou une climatisation insuffisants. L'absence de commodités essentielles ou un accès limité à la nourriture, à l'eau ou aux médicaments peut également indiquer de la négligence ou de l'exploitation financière.

Reconnaître les Schémas et le Contexte

Il est important de tenir compte des schémas et du contexte entourant les indicateurs observés. Des incidents isolés peuvent nécessiter une enquête, mais ce sont souvent la répétition ou le regroupement des indicateurs qui soulèvent des préoccupations importantes. Les facteurs contextuels tels que les dynamiques de la relation entre la personne âgée et son soignant ou membre de la famille, toute histoire de violence ou de conflit, ou la présence de problèmes liés à la consommation de substances peuvent fournir un aperçu supplémentaire de la présence potentielle de maltraitance des personnes âgées.

Défis dans la Reconnaissance de la Maltraitance des Personnes Âgées

Reconnaître la maltraitance des personnes âgées peut être difficile en raison de divers facteurs. Les personnes âgées peuvent hésiter à révéler la maltraitance en raison de la peur, de la honte ou d'un sentiment de loyauté envers leur abuseur. Les altérations cognitives ou les difficultés de communication peuvent également entraver leur capacité à exprimer leurs expériences. Les barrières linguistiques ou les normes culturelles peuvent influencer la volonté des personnes âgées de demander de l'aide ou de signaler la maltraitance. De plus, les soignants ou les membres de la famille auteurs de la maltraitance peuvent utiliser des tactiques de manipulation, de coercition ou d'intimidation pour éviter d'être découverts.

Reconnaître les signes de maltraitance des personnes âgées est crucial pour protéger le bien-être des personnes âgées. En prêtant attention aux indicateurs physiques, comportementaux, émotionnels et environnementaux, nous pouvons identifier les cas potentiels de mauvais traitements. Il est essentiel d'aborder ce processus avec sensibilité, empathie et respect, en veillant à ce que les personnes âgées se sentent écoutées, soutenues et habilitées à exprimer leurs expériences. Reconnaître les signes de maltraitance des personnes âgées est la première étape vers l'intervention, la sensibilisation et la création d'un environnement sûr où les personnes âgées peuvent s'épanouir.

Kapitel 2
Das Verständnis der Auswirkungen von Misshandlung älterer Menschen

Misshandlung älterer Menschen verursacht erheblichen Schaden für ältere Erwachsene und beeinträchtigt ihr körperliches, emotionales und psychisches Wohlbefinden. Um dieses ernste Problem wirksam anzugehen, ist es wesentlich, die tiefgreifenden Auswirkungen zu verstehen, die Misshandlung älterer Menschen auf ihre Opfer hat. In diesem Kapitel werden wir die Folgen von Misshandlung älterer Menschen untersuchen und die lang anhaltenden Effekte auf die Gesundheit, Beziehungen und die allgemeine Lebensqualität älterer Erwachsener betrachten. Durch ein umfassendes Verständnis dieser Auswirkungen können wir uns für Prävention einsetzen, Überlebende unterstützen und darauf hinarbeiten, eine Gesellschaft zu schaffen, die ihre alternde Bevölkerung schützt und schätzt.

Körperliche Auswirkungen

Körperliche Misshandlung kann unmittelbare und langfristige körperliche Folgen für ältere Menschen haben. Die physischen Verletzungen, die aus Misshandlung resultieren, können von leichten Blutergüssen und Schnitten bis hin zu schwereren Zuständen wie Knochenbrüchen, Kopfverletzungen oder inneren Verletzungen reichen. Diese Verletzungen können zu chronischen Schmerzen, eingeschränkter Mobilität oder Behinderungen führen, die die Fähigkeit älterer Erwachsener beeinträchtigen, tägliche Aktivitäten unabhängig durchzuführen. Darüber hinaus kann körperliche Misshandlung bestehende Gesundheitsprobleme verschlimmern oder zur Entwicklung neuer medizinischer Probleme beitragen, was zu einem Rückgang der Gesundheit und des Wohlbefindens führt.

Emotionale und Psychologische Auswirkungen

Misshandlung älterer Menschen hinterlässt einen schweren Tribut für das emotionale und psychische Wohlbefinden älterer Erwachsener. Die Erfahrung von Misshandlung kann zu Gefühlen von Angst, Ängstlichkeit und Misstrauen führen. Überlebende können an Depressionen, posttraumatischer Belastungsstörung (PTBS) oder anderen psychischen Gesundheitsproblemen leiden. Das emotionale Trauma von Misshandlung kann das Selbstwertgefühl älterer Erwachsener untergraben und zu einem verringerten Gefühl der eigenen Wichtigkeit und des Selbstvertrauens führen. Sie können das Interesse an Aktivitäten verlieren, die sie einst genossen haben, sich von sozialen Interaktionen zurückziehen oder ein gesteigertes Gefühl der Verletzlichkeit entwickeln.

Kognitive Auswirkungen

Misshandlung älterer Menschen kann eine schädliche Wirkung auf die kognitive Funktion haben, insbesondere in Fällen von wiederholter oder chronischer Misshandlung. Der mit Misshandlung verbundene Stress und das Trauma können zu kognitivem Abbau beitragen und das Risiko für die Entwicklung von Erkrankungen wie Demenz oder Alzheimer erhöhen. Ältere Menschen, die Misshandlung erleben, können Schwierigkeiten mit

Blessures invisibles

Gedächtnis, Aufmerksamkeit, Entscheidungsfindung oder Problemlösung aufweisen. Diese kognitiven Beeinträchtigungen können ihre Unabhängigkeit und die allgemeine Lebensqualität weiter beeinträchtigen.

Soziale Auswirkungen

Misshandlung älterer Menschen kann zu sozialer Isolation und angespannten Beziehungen zu Familie, Freunden und Betreuern führen. Überlebende können sich schämen, peinlich berührt sein oder sich zögern, ihre Erfahrungen mitzuteilen, was zu einem Rückzug aus sozialen Interaktionen führt. Die Angst vor Beurteilung oder Vergeltung kann ältere Menschen daran hindern, Unterstützung zu suchen oder ihre Probleme mit anderen zu teilen. Darüber hinaus kann der Verlust des Vertrauens in Betreuer oder Familienmitglieder bestehende Beziehungen belasten und Barrieren für den Zugang zu Betreuung und Unterstützung schaffen.

Finanzielle Auswirkungen

Finanzielle Ausbeutung kann verheerende Folgen für ältere Menschen haben und ihre finanzielle Stabilität und Sicherheit beeinträchtigen. Ältere Menschen, die finanzielle Misshandlung erleben, können erhebliche finanzielle Verluste erleiden, die ihre Ersparnisse, Rentenfonds oder Vermögenswerte aufzehren. Dieser Verlust finanzieller Ressourcen kann zu einer erhöhten Abhängigkeit von anderen, eingeschränktem Zugang zu wichtigen Bedürfnissen wie Gesundheitsversorgung oder Medikamenten und einer verringerten Fähigkeit führen, einen angemessenen Lebensstandard aufrechtzuerhalten. Die finanziellen Auswirkungen von Misshandlung können einen Kreislauf der Verletzlichkeit aufrechterhalten und die emotionale und psychische Belastung von Überlebenden verschlimmern.

Langfristige Konsequenzen

Die Auswirkungen von Misshandlung älterer Menschen beschränken sich nicht auf die unmittelbare Folgezeit, sondern können langfristige Konsequenzen haben. Überlebende können auch lange nach dem Ende der Misshandlung physische, emotionale oder psychische Symptome erfahren. Das Trauma von Misshandlung kann eine dauerhafte Wirkung auf das allgemeine Wohlbefinden eines älteren Erwachsenen haben und zu chronischen Gesundheitsproblemen, fortlaufenden psychischen Herausforderungen und einer verringerten Lebensqualität führen. Die langfristigen Konsequenzen von Misshandlung älterer Menschen unterstreichen die Notwendigkeit umfassender Unterstützungsdienste und Interventionen, die auf die komplexen Bedürfnisse der Überlebenden eingehen.

Das Verständnis der Auswirkungen von Misshandlung älterer Menschen ist entscheidend, um den Bedürfnissen von Überlebenden gerecht zu werden und wirksame Strategien für Prävention und Intervention zu entwickeln. Die körperlichen, emotionalen, kognitiven, sozialen und finanziellen Auswirkungen von Misshandlung älterer Menschen unterstreichen die Dringlichkeit, dieses ernste Problem zu bekämpfen. Durch die Anerkennung der weitreichenden Folgen von Misshandlung älterer Menschen können wir eine Gesellschaft fördern, die die Würde, Sicherheit und das Wohlbefinden älterer Menschen unterstützt. Durch Bildung, Aufklärung und unterstützende Maßnahmen können wir daran arbeiten, Misshandlung älterer Menschen auszurotten und eine Welt zu schaffen, in der ältere Menschen mit Respekt und Würde altern können.

Körperliche, emotionale und psychologische Auswirkungen von Misshandlung älterer Menschen

Misshandlung älterer Menschen verursacht nicht nur körperlichen Schaden, sondern auch tiefgreifende emotionale und psychische Belastungen bei den Opfern. Das genaue Verständnis der spezifischen Auswirkungen von Misshandlung älterer Menschen ist entscheidend, um die Auswirkungen auf ältere Erwachsene zu erkennen und angemessene Interventionen und Unterstützungssysteme zu entwickeln. In diesem Kapitel werden wir die körperlichen, emotionalen und psychischen Auswirkungen von Misshandlung älterer Menschen untersuchen und Licht auf die langanhaltenden Konsequenzen werfen, die Überlebende erleben können. Durch ein umfassendes Verständnis dieser Auswirkungen können wir uns für Prävention einsetzen, Überlebende unterstützen und auf eine Gesellschaft hinarbeiten, die ihre alternde Bevölkerung schützt.

Körperliche Auswirkungen

Körperliche Misshandlung kann unmittelbare und langfristige physische Auswirkungen auf ältere Erwachsene haben. Der durch Gewalttaten oder Vernachlässigung verursachte körperliche Schaden kann zu blauen Flecken, Schnitten, Knochenbrüchen oder schwereren Verletzungen führen. Körperliche Misshandlung kann zu chronischen Schmerzen, eingeschränkter Mobilität und körperlichen Beeinträchtigungen führen, die die Fähigkeit älterer Erwachsener beeinträchtigen, tägliche Aktivitäten unabhängig durchzuführen. Die resultierenden körperlichen Beeinträchtigungen können zu einem Rückgang der allgemeinen Gesundheit und des

Wohlbefindens beitragen und die Lebensqualität älterer Menschen weiter beeinträchtigen. In einigen Fällen kann körperliche Misshandlung sogar zu lebensbedrohlichen Verletzungen oder Todesfällen führen.

Emotionale Auswirkungen

Misshandlung älterer Menschen hat einen erheblichen Einfluss auf das emotionale Wohlbefinden älterer Erwachsener. Überlebende von Misshandlung erleben oft eine Vielzahl intensiver und komplexer Emotionen, darunter Angst, Ängstlichkeit, Traurigkeit, Wut und Hilflosigkeit. Das emotionale Trauma von Misshandlung kann das Selbstwertgefühl, die Selbstachtung und das Selbstvertrauen älterer Erwachsener untergraben. Sie können ein tiefes Misstrauen gegenüber anderen entwickeln, insbesondere Betreuern oder Familienmitgliedern, und können mit Gefühlen von Scham oder Schuld kämpfen. Die emotionalen Auswirkungen von Misshandlung älterer Menschen können zu einem Verlust des Interesses an zuvor genossenen Aktivitäten, sozialem Rückzug und Gefühlen von Isolation führen. Diese emotionalen Konsequenzen können einen tiefgreifenden Einfluss auf die psychische Gesundheit und das allgemeine Wohlbefinden älterer Erwachsener haben.

Psychologische Auswirkungen

Misshandlung älterer Menschen kann schwere psychische Belastungen verursachen und lang anhaltende Effekte bei Überlebenden hinterlassen. Die Erfahrung von Misshandlung kann zur Entwicklung oder Verschlimmerung von psychischen Erkrankungen wie Depressionen, Angststörungen, posttraumatischer Belastungsstörung (PTBS) oder suizidalen Gedanken beitragen. Ältere Menschen, die Misshandlung erlitten haben, leben möglicherweise ständig in Angst und erwarten weitere Schäden oder Rache. Sie können Flashbacks oder aufdringliche Gedanken im Zusammenhang mit der Misshandlung erleben, was zu anhaltendem psychischem Trauma führt. Die psychologischen Auswirkungen von Misshandlung älterer Menschen können die Fähigkeit einer Person, anderen zu vertrauen, neue Beziehungen zu knüpfen und den Alltag mit einem Gefühl von Sicherheit zu bewältigen, beeinträchtigen.

Komplexes Zusammenspiel von physischen, emotionalen und psychologischen Auswirkungen

Es ist wichtig zu erkennen, dass die physischen, emotionalen und psychologischen Auswirkungen von Misshandlung älterer Menschen miteinander verbunden sind und sich gegenseitig verstärken können. Zum Beispiel können physische Verletzungen, die aus Misshandlung resultieren, emotionale Belastung und psychisches Trauma auslösen. Umgekehrt können die emotionalen und psychologischen Auswirkungen von Misshandlung, wie Angst oder Depression, sich als physische Symptome wie Kopfschmerzen, Magen-Darm-Probleme oder Schlafstörungen manifestieren. Das komplexe Zusammenspiel dieser Effekte kann sich kumulativ negativ auf die allgemeine Gesundheit und das Wohlbefinden älterer Menschen auswirken.

Einzigartige Anfälligkeiten und Widerstandsfähigkeit

Es ist wichtig zu beachten, dass ältere Erwachsene in ihrer Anfälligkeit für die physischen, emotionalen und psychologischen Auswirkungen von Misshandlung älterer Menschen variieren können. Faktoren wie bereits bestehende Gesundheitszustände, kognitive Fähigkeiten, soziale Unterstützungsnetzwerke und persönliche Widerstandsfähigkeit können die Fähigkeit eines

Einzelnen beeinflussen, mit den Auswirkungen von Misshandlung umzugehen und sich von ihnen zu erholen. Einige ältere Erwachsene können bemerkenswerte Widerstandsfähigkeit angesichts von Widrigkeiten zeigen, während andere möglicherweise tiefgreifendere und lang anhaltende Konsequenzen erleben. Das Verständnis dieser individuellen Unterschiede kann maßgeschneiderte Interventionen und Unterstützungsdienste informieren, um den einzigartigen Bedürfnissen von Überlebenden gerecht zu werden.

Bedeutung umfassender Unterstützungsdienste

Angesichts der vielschichtigen Auswirkungen von Misshandlung älterer Menschen sind umfassende Unterstützungsdienste entscheidend, um Überlebenden auf ihrem Weg der Heilung und Genesung zu helfen. Gesundheitsdienstleister im Bereich der körperlichen Gesundheit können sich umgehend um die medizinischen Bedürfnisse kümmern, die aus Misshandlung resultieren, während Fachleute für psychische Gesundheit therapeutische Interventionen anbieten können, um das emotionale und psychische Trauma anzugehen. Soziale Unterstützungsnetzwerke wie Selbsthilfegruppen oder Beratungsdienste spielen eine wichtige Rolle, indem sie Überlebenden einen sicheren Raum bieten, um ihre Erfahrungen zu teilen, Validierung zu erhalten und sich mit anderen zu verbinden, die ähnliche Herausforderungen bewältigt haben. Rehabilitationsdienste, einschließlich Physiotherapie und Ergotherapie, können zur Wiederherstellung der körperlichen Funktion und Mobilität beitragen.

Misshandlung älterer Menschen hat weitreichende physische, emotionale und psychologische Auswirkungen auf ihre Opfer.

Durch die Anerkennung der einzigartigen Herausforderungen, denen Überlebende gegenüberstehen, können wir daran arbeiten, umfassende Unterstützungssysteme zu implementieren, die ihre vielfältigen Bedürfnisse ansprechen. Durch einen ganzheitlichen Ansatz, der medizinische Versorgung, psychische Unterstützung und soziale Dienste kombiniert, können wir ältere Menschen dabei unterstützen, sich von den physischen und emotionalen Wunden der Misshandlung zu erholen. Es liegt in unserer gemeinsamen Verantwortung, eine Gesellschaft zu schaffen, die das Wohlergehen und die Sicherheit ihrer alternden Bevölkerung priorisiert und eine Umgebung fördert, in der Misshandlung älterer Menschen keinen Platz hat.

Langzeitfolgen für Gesundheit und Wohlbefinden

Die Auswirkungen von Misshandlung älterer Menschen reichen weit über unmittelbare physische und psychologische Schäden hinaus. Ältere Menschen, die Misshandlung erlebt haben, stehen oft vor langfristigen Konsequenzen, die ihre Gesundheit, ihr Wohlbefinden und ihre allgemeine Lebensqualität beeinflussen. In diesem Kapitel werden wir uns mit den anhaltenden Auswirkungen von Misshandlung älterer Menschen auf die physische und mentale Gesundheit von Überlebenden befassen. Durch das Verständnis dieser langfristigen Folgen können wir uns für Prävention einsetzen, Überlebende unterstützen und darauf hinwirken, eine Gesellschaft aufzubauen, die die Sicherheit und Würde älterer Menschen priorisiert.

Folgen für die körperliche Gesundheit

Misshandlung älterer Menschen kann erhebliche langfristige Auswirkungen auf die körperliche Gesundheit von Überlebenden haben. Die physischen Verletzungen, die während Misshandlungsereignissen verursacht werden, wie Knochenbrüche, Kopfverletzungen oder innere Verletzungen, können zu chronischen Schmerzen, Mobilitätsproblemen und körperlichen Beeinträchtigungen führen. Ältere Menschen können einen Rückgang ihrer allgemeinen körperlichen Funktion erleben, was ihre Fähigkeit einschränkt, tägliche Aktivitäten unabhängig durchzuführen. Zusätzlich können der Stress und das Trauma im Zusammenhang mit Misshandlung das Immunsystem schwächen, was Überlebende anfälliger für Infektionen, Krankheiten und Verschlimmerungen bestehender Gesundheitszustände macht. Die langfristigen Auswirkungen von Misshandlung auf die körperliche Gesundheit können zu einer verminderten Lebensqualität, erhöhtem Gesundheitsbedarf und einem höheren Sterberisiko führen.

Folgen für die mentale Gesundheit

Misshandlung älterer Menschen hat erhebliche Auswirkungen auf die psychische Gesundheit und das Wohlbefinden der Überlebenden. Das emotionale und psychologische Trauma im Zusammenhang mit Misshandlung kann zur Entwicklung oder Verschlimmerung von psychischen Erkrankungen wie Depressionen, Angststörungen, posttraumatischer Belastungsstörung (PTBS) und suizidalen Gedanken beitragen. Überlebende können anhaltende Gefühle von Angst, Ängstlichkeit und Hilflosigkeit erleben, die sich auf ihre Fähigkeit auswirken, anderen zu vertrauen und soziale Aktivitäten zu unternehmen. Die langfristigen psychischen Folgen von Misshandlung älterer Menschen können zu sozialer Isolation, kognitivem Abbau und einem verringerten Selbstwertgefühl und Unabhängigkeit führen. Diese mentalen Herausforderungen verschärfen die

Gesamtauswirkungen auf das Wohlbefinden älterer Menschen und können ihre Lebensqualität erheblich beeinträchtigen.

Soziale Folgen

Misshandlung älterer Menschen kann tiefgreifende soziale Auswirkungen auf Überlebende haben. Die Erfahrung von Misshandlung kann Beziehungen zu Familienmitgliedern, Freunden und Betreuern belasten. Überlebende können sich schämen, sich peinlich berührt fühlen oder zögern, ihre Erfahrungen preiszugeben, was zu sozialem Rückzug und einem Gefühl der Isolation führt. Der Verlust des Vertrauens in andere kann es Überlebenden erschweren, neue Beziehungen zu knüpfen oder Unterstützung zu suchen. Die sozialen Folgen von Misshandlung älterer Menschen können Gefühle der Einsamkeit verstärken und sich negativ auf die psychische und physische Gesundheit älterer Erwachsener auswirken. Zusätzlich kann das Stigma im Zusammenhang mit Misshandlung Überlebende daran hindern, die notwendigen Unterstützungsdienste und Ressourcen in Anspruch zu nehmen.

Folgen für die Finanzen

Finanzielle Ausbeutung, eine Form von Misshandlung älterer Menschen, kann langanhaltende finanzielle Konsequenzen für ältere Erwachsene haben. Überlebende können erhebliche finanzielle Verluste erleiden, die ihre Ersparnisse, Rentenfonds oder Vermögenswerte aufzehren. Der Verlust finanzieller Ressourcen kann zu erhöhter finanzieller Abhängigkeit, begrenztem Zugang zu lebenswichtigen Bedürfnissen wie Gesundheitsversorgung oder Medikamenten und einer reduzierten Fähigkeit führen, einen angemessenen Lebensstandard aufrechtzuerhalten. Finanzielle Misshandlung kann einen Teufelskreis der Verwundbarkeit aufrechterhalten und zu anhaltendem finanziellen Stress und Unsicherheit für Überlebende beitragen. Diese finanziellen Folgen verschärfen die Gesamtauswirkungen auf das Wohlbefinden älterer Menschen und können ihre Fähigkeit zur würdigen und unabhängigen Alterung beeinträchtigen.

Gesamtqualität des Lebens

Die langfristigen Konsequenzen von Misshandlung älterer Menschen, die physische, mentale, soziale und finanzielle Aspekte umfassen, können die Gesamtqualität des Lebens eines älteren Erwachsenen erheblich beeinträchtigen. Überlebende können ein reduziertes Autonomiegefühl, einen Verlust des Selbstwertgefühls und eine verringerte Freude an täglichen Aktivitäten erleben. Das Trauma und die anhaltenden Auswirkungen von Misshandlung können das Sicherheitsgefühl, das Vertrauen und das Wohlbefinden einer Person untergraben. Die langfristigen Auswirkungen auf die Lebensqualität unterstreichen den dringenden Bedarf an umfassenden Unterstützungsdiensten, Interventionen und politischen Maßnahmen zur wirksamen Verhinderung und Bewältigung von Misshandlung älterer Menschen.

Misshandlung älterer Menschen hat lang anhaltende Auswirkungen auf die Gesundheit, das Wohlbefinden und die allgemeine Lebensqualität von Überlebenden. Die physischen, mentalen, sozialen und finanziellen Auswirkungen von Misshandlung können lange Zeit nach dem Vorfall bestehen bleiben und stellen für ältere Menschen erhebliche Herausforderungen dar, während sie ihren Alltag bewältigen. Durch das Erkennen und Verstehen dieser langfristigen Konsequenzen können wir uns für Präventionsmaßnahmeneinsetzen,umfassende Unterstützungsdienste anbieten und eine Gesellschaft fördern, die

Blessures invisibles

ihre alternde Bevölkerung schätzt und schützt. Es ist von grundlegender Bedeutung, dass wir gemeinsam Bewusstsein schaffen, Überlebende unterstützen und sicherstellen, dass ältere Erwachsene in Würde, Respekt und höchster Lebensqualität altern können.

Kapitel 3
Untersuchung der Faktoren, die zu Misshandlung älterer Menschen beitragen

Um Misshandlung älterer Menschen wirksam anzugehen, ist es entscheidend, die Faktoren zu verstehen, die zu ihrem Auftreten beitragen. Misshandlung älterer Menschen ist ein komplexes Problem, das von verschiedenen individuellen, zwischenmenschlichen und gesellschaftlichen Faktoren beeinflusst wird. In diesem Kapitel werden wir die zugrunde liegenden Faktoren untersuchen, die zu Misshandlung älterer Menschen beitragen, darunter soziale Isolation und Einsamkeit, Stress und Burnout von Betreuungspersonen sowie finanzielle Belastung und Ausbeutung. Indem wir diese Faktoren analysieren, können wir gezielte Interventionen und präventive Strategien entwickeln, um das Risiko von Misshandlung älterer Menschen zu mindern und eine sicherere Umgebung für ältere Menschen zu schaffen.

Stress und Burnout von Betreuungspersonen

Stress und Burnout von Betreuungspersonen sind entscheidende Faktoren, die zur Misshandlung älterer Menschen beitragen. Betreuungspersonen, sei es Familienangehörige oder Fachkräfte, stehen oft vor zahlreichen Herausforderungen und Verantwortlichkeiten bei der Pflege älterer Menschen. Die

Anforderungen der Betreuung können physisch, emotional und finanziell überwältigend sein und zu hohen Stress- und Burnout-Leveln führen. Betreuungspersonen, die Stress und Burnout erleben, können sich verbittert, frustriert oder unfähig fühlen, effektiv mit der Situation umzugehen. Diese negativen Emotionen können das Risiko von Misshandlung älterer Menschen erhöhen, da Betreuungspersonen aufgrund ihrer eigenen unerfüllten Bedürfnisse, Erschöpfung oder Gefühle der Hilflosigkeit zu missbräuchlichem Verhalten neigen können.

Finanzielle Belastung und Ausbeutung

Finanzielle Belastung und Ausbeutung sind wesentliche Risikofaktoren für Misshandlung älterer Menschen. Ältere Menschen, die finanziell abhängig sind oder finanzielle Schwierigkeiten haben, können anfällig für Ausbeutung durch Betreuungspersonen, Familienmitglieder oder Fremde sein, die ihre Ressourcen ausnutzen wollen. Finanzielle Ausbeutung kann verschiedene Formen annehmen, darunter Diebstahl, Betrug, Nötigung oder unangemessener Einfluss. Täter können ältere Menschen manipulieren, um ihnen Geld, Vermögenswerte oder Zugang zu finanziellen Konten zu geben. Ältere Menschen, die finanzielle Belastungen erleben, könnten auch verstärktem Druck ausgesetzt sein, finanzielle Unterstützung für Familienmitglieder zu leisten, was ihre Anfälligkeit für Ausbeutung verschlimmern könnte.

Kognitive Beeinträchtigung und Abhängigkeit

Kognitive Beeinträchtigungen wie Demenz oder Alzheimer können zur Misshandlung älterer Menschen beitragen. Ältere Menschen mit kognitiven Beeinträchtigungen können

Schwierigkeiten haben, fundierte Urteile zu fällen, missbräuchliche Situationen zu erkennen oder ihre Erfahrungen zu artikulieren. Ihre Abhängigkeit von Betreuungspersonen für tägliche Aktivitäten, Entscheidungsfindung und finanzielle Verwaltung kann Machtungleichgewichte schaffen und das Risiko von Misshandlung erhöhen. Betreuungspersonen könnten die kognitiven Schwächen älterer Menschen ausnutzen, was zu Vernachlässigung, finanzieller Ausbeutung oder anderen Formen von Misshandlung führen könnte.

Kulturelle und gesellschaftliche Faktoren

Kulturelle und gesellschaftliche Faktoren können ebenfalls zur Misshandlung älterer Menschen beitragen. Kulturelle Normen, Überzeugungen und Einstellungen gegenüber dem Altern, Familienstrukturen und Geschlechterrollen können die Verbreitung und Akzeptanz von Misshandlung in bestimmten Gemeinschaften beeinflussen. Sprachbarrieren, Diskriminierung oder mangelndes Bewusstsein über Misshandlung älterer Menschen können die Erkennung und Prävention von Misshandlung weiter behindern. Gesellschaftliche Faktoren wie unzureichende Unterstützungssysteme, begrenzte Ressourcen oder ineffektive rechtliche Rahmenbedingungen können ebenfalls zur Aufrechterhaltung von Misshandlung älterer Menschen beitragen.

Präventions- und Interventionsstrategien

Um den Faktoren, die zu Misshandlung älterer Menschen beitragen, entgegenzuwirken, sind umfassende Präventions- und Interventionsstrategien entscheidend. Die Steigerung der sozialen Verbundenheit und die Bekämpfung sozialer Isolation durch

Isolation sociale et solitude par rapport à la maltraitance des personnes âgées

L'isolement social et la solitude sont des facteurs importants qui contribuent à la maltraitance des personnes âgées, mettant en évidence le rôle crucial des liens sociaux dans la protection du bien-être des personnes âgées. Dans ce chapitre, nous examinerons les causes et les conséquences de l'isolement social et de la solitude chez les personnes âgées, explorerons leur relation avec la maltraitance des personnes âgées et discuterons des stratégies pour aborder et prévenir ces problèmes. En comprenant l'impact de l'isolement social et de la solitude, nous pouvons œuvrer à la création d'une société qui valorise la connexion sociale et soutient les personnes âgées dans le maintien de relations significatives.

Causes de l'isolement social et de la solitude

L'isolement social et la solitude chez les personnes âgées peuvent découler de divers facteurs. La perte d'un conjoint ou de proches membres de la famille, la retraite, la séparation géographique d'êtres chers, la mobilité limitée et les problèmes de santé peuvent contribuer à l'isolement social. Les changements dans les rôles sociaux et les réseaux, tels que le départ des enfants ou le décès d'amis, peuvent perturber les liens sociaux. Le vieillissementisme et les attitudes sociétales dévalorisant les personnes âgées peuvent également mener à l'exclusion sociale. De plus, des obstacles tels que les difficultés de transport, les contraintes financières et le manque d'accès aux ressources communautaires peuvent aggraver l'isolement social.

Conséquences de l'isolement social et de la solitude

L'isolement social et la solitude ont des effets néfastes sur le bien-être physique, émotionnel et mental des personnes âgées. En l'absence d'interactions sociales régulières, les personnes âgées peuvent connaître un déclin de leur santé physique, y compris une augmentation des maladies chroniques, une altération de la fonction immunitaire et un risque accru de mortalité. La solitude a été liée à des taux plus élevés de dépression, d'anxiété, de déclin cognitif et de diminution générale de la satisfaction de vie. De plus, l'isolement social et la solitude peuvent affecter l'estime de soi, le sentiment d'appartenance et la qualité de vie d'une personne âgée, conduisant à une diminution du sens de la purpose et de l'épanouissement.

Relation entre l'isolement social, la solitude et la maltraitance des personnes âgées

L'isolement social et la solitude sont étroitement liés à la maltraitance des personnes âgées. Les personnes âgées qui manquent de liens sociaux et de systèmes de soutien sont plus vulnérables à la maltraitance et à l'exploitation. Les individus isolés peuvent devenir plus dépendants des aidants ou des membres de la famille, créant un déséquilibre de pouvoir et augmentant le risque de mauvais traitements. La solitude peut également rendre les personnes âgées plus susceptibles à la manipulation, car elles peuvent chercher la compagnie et la connexion, ce qui en fait des cibles pour les auteurs qui exploitent leur vulnérabilité.

L'isolement et la maltraitance peuvent former un cercle vicieux, car l'expérience de la maltraitance isole davantage les personnes âgées, érodant leur confiance et leur volonté de demander de l'aide. La honte et la peur du jugement peuvent les empêcher de révéler la maltraitance ou de demander de l'aide. Le silence résultant de l'isolement social peut perpétuer la maltraitance, rendant ainsi crucial de traiter à la fois les causes et les conséquences de l'isolement social et de la solitude dans le cadre de la prévention de la maltraitance des personnes âgées.

Stratégies de prévention et d'intervention

Il est essentiel de traiter l'isolement social et la solitude pour prévenir la maltraitance des personnes âgées. La mise en œuvre de stratégies préventives peut favoriser la connexion sociale et réduire le risque de mauvais traitements. Certaines approches efficaces comprennent :

Programmes communautaires

- La création de programmes communautaires encourageant la participation sociale, tels que les centres pour personnes âgées, les clubs et les activités intergénérationnelles, peut offrir aux personnes âgées des opportunités de participation sociale et de compagnonnage.

Initiatives de bénévolat

- Encourager le bénévolat parmi les personnes âgées leur permet de contribuer à leurs communautés, de nouer de nouvelles relations et de lutter contre l'isolement social.

Technologie et inclusion numérique

- Promouvoir la littératie numérique et l'accès à la technologie peut permettre aux personnes âgées de se connecter avec d'autres en ligne, de participer à des communautés virtuelles et de maintenir des liens sociaux, même lorsque les interactions physiques sont limitées.

Transport et accessibilité

- L'amélioration des options de transport et de l'accès aux services communautaires peut faciliter la participation des personnes âgées à des activités sociales et réduire les obstacles à l'engagement.

Logements avec soutien et initiatives de vieillissement à domicile

- La création d'environnements favorables au vieillissement qui privilégient l'intégration communautaire et soutiennent la vie indépendante peut aider les personnes âgées à maintenir des liens sociaux dans leurs propres quartiers.

Soutien aux aidants

- Fournir des ressources, des soins de relève et des services de soutien aux aidants peut alléger leur fardeau, réduire le stress et prévenir l'épuisement des aidants, améliorant ainsi la qualité globale des soins prodigués aux personnes âgées.

Éducation et sensibilisation

Sensibiliser à l'importance des liens sociaux, aux signes d'isolement social et de solitude, et aux risques de maltraitance des personnes âgées peut aider les communautés à identifier et à intervenir dans les situations de vulnérabilité.

L'isolement social et la solitude ont des effets néfastes sur le bien-être des personnes âgées et contribuent considérablement au risque de maltraitance des personnes âgées. Reconnaître les causes et les conséquences de l'isolement social et de la solitude est crucial pour développer des stratégies préventives efficaces. En favorisant les liens sociaux, en créant des environnements de soutien et en mettant en œuvre des programmes de soutien aux aidants, nous pouvons réduire l'isolement social et la solitude chez les personnes âgées, améliorer leur qualité de vie et créer une société plus sûre et plus inclusive. Il est de notre responsabilité collective de donner la priorité à la connexion sociale et de veiller à ce que les personnes âgées soient valorisées, respectées et soutenues dans le maintien de relations significatives.

Stress et Épuisement des Aidants Familiaux par rapport à la Maltraitance des Personnes Âgées

Les aidants familiaux jouent un rôle crucial dans le soutien au bien-être et à l'indépendance des personnes âgées. Cependant, la nature exigeante de l'assistance aux personnes âgées peut entraîner un stress et un épuisement importants. Dans ce chapitre, nous explorerons les causes et les conséquences du stress et de l'épuisement des aidants familiaux, examinerons leur relation avec la maltraitance des personnes âgées et discuterons des stratégies pour aborder et prévenir ces problèmes. En comprenant l'impact du stress et de l'épuisement des aidants, nous pouvons soutenir les aidants familiaux et créer un environnement d'assistance plus sain qui favorise le bien-être à la fois des aidants et des personnes âgées.

Causes du Stress et de l'Épuisement des Aidants Familiaux

Le stress et l'épuisement des aidants familiaux peuvent découler de divers facteurs liés au rôle d'aidant. Les exigences physiques de la fourniture de soins, comme aider avec l'hygiène personnelle, gérer les médicaments ou soutenir la mobilité, peuvent être physiquement épuisantes. Les défis émotionnels, tels que le témoin du déclin de la santé d'un être cher, la gestion des changements de comportement ou la prise en charge des questions en fin de vie, peuvent avoir des répercussions sur le bien-être mental de l'aidant. L'investissement en temps et la perte de liberté personnelle ou d'opportunités de carrière peuvent créer un sentiment d'isolement et de sacrifice. Les contraintes financières, le manque de soutien social et l'accès limité aux soins de relève ou aux services de soutien peuvent également contribuer au stress et à l'épuisement des aidants familiaux.

Conséquences du Stress et de l'Épuisement des Aidants Familiaux

Le stress et l'épuisement des aidants familiaux ont des conséquences significatives tant pour les aidants que pour les personnes âgées qu'ils assistent. Les aidants qui éprouvent des niveaux élevés de stress et d'épuisement sont plus sujets aux problèmes de santé physiques et mentaux. Ils peuvent ressentir de la fatigue, des perturbations du sommeil, une fonction immunitaire compromise et un risque accru de maladies chroniques. Les problèmes de santé mentale, tels que la dépression, l'anxiété et les facteurs de stress spécifiques aux aidants, peuvent encore altérer le bien-être de l'aidant et sa capacité à fournir des soins efficaces. De plus, le stress et l'épuisement des aidants familiaux peuvent tendre les relations avec les membres de la famille, les amis et la personne âgée assistée, entraînant potentiellement des conflits et une détresse émotionnelle pour toutes les parties impliquées.

Relation entre le Stress des Aidants Familiaux, l'Épuisement et la Maltraitance des Personnes Âgées

Le stress et l'épuisement des aidants familiaux sont étroitement liés à la survenue de la maltraitance des personnes âgées. Des niveaux élevés de stress peuvent altérer le jugement, la patience et la régulation émotionnelle de l'aidant, augmentant le risque de comportements abusifs. Les aidants familiaux en situation d'épuisement peuvent se sentir submergés, émotionnellement épuisés et détachés de leur rôle, entraînant un manque d'empathie ou de négligence. Les exigences de l'assistance aux personnes âgées combinées aux besoins non satisfaits de l'aidant, à l'épuisement ou aux sentiments d'impuissance de l'aidant peuvent contribuer à des comportements abusifs, tels que la maltraitance physique, émotionnelle ou financière de la personne âgée. De plus, la pression de l'assistance aux personnes âgées peut conduire à une dépendance accrue à des mécanismes de coping négatifs, tels que la consommation de substances, accroissant davantage le risque de maltraitance.

Stratégies de Prévention et d'Intervention

Aborder le stress et l'épuisement des aidants familiaux est crucial pour la prévention de la maltraitance des personnes âgées et le bien-être tant des aidants que des personnes âgées. La mise en œuvre de stratégies préventives et d'interventions peut contribuer à atténuer le stress des aidants et à promouvoir un environnement d'assistance plus sain. Certaines approches efficaces comprennent :

Soins de Relève

- Fournir des services de soins de relève offrant un soulagement temporaire aux aidants familiaux peut réduire leur stress et offrir l'occasion de prendre soin d'eux-mêmes et de se ressourcer.

Services de Soutien

- Offrir des services de soutien, tels que des séances de counseling, des groupes de soutien ou des lignes d'assistance, spécifiquement adaptés aux aidants familiaux, peut fournir un soutien émotionnel, une éducation et des stratégies de gestion.

Éducation et Formation

- Fournir aux aidants familiaux une éducation et une formation sur les techniques efficaces de soins, les compétences en communication et les stratégies d'autosoins peut renforcer leur confiance et réduire leur niveau de stress.

Aide Financière

- Offrir une aide financière ou des ressources pour atténuer les contraintes financières liées à l'assistance, comme le remboursement des dépenses liées aux soins ou l'accès à un soutien en planification financière, peut atténuer l'un des principaux facteurs de stress pour les aidants.

Renforcement de la Résilience

- Mettre en place des programmes de renforcement de la résilience axés sur les techniques de gestion du stress, les pratiques d'autosoins et le développement de réseaux de soutien social peut améliorer le bien-être des aidants et promouvoir des mécanismes de coping plus sains.

Collaboration avec les Professionnels de la Santé

- Encourager la collaboration entre les aidants familiaux et les professionnels de la santé peut faciliter les soins coordonnés, offrir un soutien et garantir aux aidants l'accès aux ressources etaux informations nécessaires.

Le stress et l'épuisement des aidants familiaux présentent des risques importants tant pour les aidants que pour les personnes âgées qu'ils assistent, soulignant l'importance de traiter ces problèmes dans le cadre de la prévention de la maltraitance des personnes âgées. En reconnaissant les causes et les conséquences du stress et de l'épuisement des aidants familiaux, nous pouvons mettre en œuvre des stratégies efficaces qui soutiennent les aidants et créent un environnement d'assistance plus sain. Fournir des soins de relève, des services de soutien, une éducation et une formation, une aide financière et des programmes de renforcement de la résilience peut contribuer à atténuer le stress des aidants, réduire le risque d'épuisement et promouvoir le bien-être tant des aidants que des personnes âgées. Il est essentiel de donner la priorité au soutien des aidants, de reconnaître leurs contributions inestimables et de travailler à la création d'un environnement d'assistance qui favorise la sécurité, la dignité et le bien-être des personnes âgées.

Contraintes Financières et Exploitation en Relation avec la Maltraitance des Personnes Âgées

Les contraintes financières et l'exploitation sont des facteurs importants qui contribuent à la maltraitance des personnes âgées, mettant en évidence la vulnérabilité des personnes âgées en ce qui concerne leur bien-être financier. Dans ce chapitre, nous explorerons les causes et les conséquences des contraintes financières et de l'exploitation chez les personnes âgées, examinerons leur relation avec la maltraitance des personnes âgées et discuterons des stratégies pour aborder et prévenir ces problèmes. En comprenant l'impact des contraintes financières et de l'exploitation, nous pouvons œuvrer à la création d'une société qui protège la sécurité financière et la dignité des personnes âgées.

Causes des Contraintes Financières

Les contraintes financières chez les personnes âgées peuvent découler de divers facteurs. La retraite, la réduction des revenus, l'augmentation des dépenses de santé et des économies insuffisantes peuvent créer des défis financiers. L'augmentation des coûts de la vie, l'inflation et l'accès limité au logement abordable ou aux ressources essentielles exacerbent davantage les contraintes financières. Les personnes âgées peuvent également rencontrer des difficultés financières en raison de la perte d'un conjoint ou d'un partenaire, du manque d'accès aux pensions ou aux avantages de retraite, ou d'un revenu de sécurité sociale insuffisant. Les crises économiques ou les dépenses imprévues peuvent également contribuer aux contraintes financières, laissant les personnes âgées vulnérables à l'exploitation.

Formes d'Exploitation Financière

L'exploitation financière implique l'utilisation non autorisée ou inappropriée des ressources financières d'une personne âgée à des fins personnelles. Elle peut revêtir différentes formes, notamment :

Vol et Fraude

- Les auteurs peuvent dérober de l'argent, des biens ou des actifs précieux aux personnes âgées par le vol, la tromperie ou les escroqueries.

Contrainte et Influence Indue

- Les individus manipulateurs exercent un contrôle sur les prises de décision d'une personne âgée, les poussant à effectuer des transactions financières, à changer de testament ou à octroyer une procuration.

Pratiques Commerciales Trompeuses

- Les personnes âgées peuvent être ciblées par des vendeurs sans scrupules qui utilisent des tactiques agressives ou trompeuses pour les persuader d'acheter des produits ou services inutiles ou surévalués.

Exploitation par les Aidants

- Les aidants familiaux, les membres de la famille ou les personnes de confiance peuvent exploiter leur relation avec une personne âgée pour accéder à ses ressources financières, abuser de ses fonds ou manipuler les décisions financières.

Conséquences des Contraintes Financières et de l'Exploitation

Les contraintes financières et l'exploitation ont des conséquences importantes sur le bien-être et la qualité de vie des personnes âgées. La perte de ressources financières peut entraîner une diminution de la sécurité financière, un accès limité aux besoins essentiels tels que les soins de santé, les médicaments ou une alimentation nutritive, et une dépendance accrue envers les autres pour le soutien financier. L'exploitation financière peut causer une détresse émotionnelle, éroder la confiance envers autrui et conduire à des sentiments de honte, de culpabilité ou de vulnérabilité. Les personnes âgées qui rencontrent des contraintes financières et subissent une exploitation peuvent également faire face à des répercussions financières à long terme, notamment des économies épuisées, une qualité de vie réduite et une dépendance accrue aux programmes d'aide publique.

Relation entre les Contraintes Financières, l'Exploitation et la Maltraitance des Personnes Âgées

Les contraintes financières et l'exploitation sont étroitement liées à la survenue de la maltraitance des personnes âgées. Les personnes âgées connaissant des difficultés financières ou dépendant d'autres personnes pour un soutien financier peuvent être plus vulnérables à l'exploitation et à la manipulation. Les auteurs ciblent souvent les individus qui semblent financièrement désespérés ou qui manquent de connaissances sur leurs droits et la gestion financière. Les dynamiques de pouvoir liées à la dépendance financière peuvent accroître la susceptibilité d'une personne âgée à la contrainte, à l'influence indue ou aux pratiques trompeuses. L'exploitation financière peut entraîner une gamme de comportements abusifs, notamment la négligence, les abus physiques ou émotionnels et l'isolement.

Stratégies de Prévention et d'Intervention

Aborder les contraintes financières et l'exploitation est crucial pour la prévention de la maltraitance des personnes âgées et la protection du bien-être financier des personnes âgées. La mise en œuvre de stratégies préventives et d'interventions peut contribuer à atténuer le risque d'exploitation financière et à soutenir la sécurité financière des personnes âgées. Certaines approches efficaces comprennent :

Éducation Financière et Autonomisation

- Fournir aux personnes âgées l'accès à des programmes d'éducation financière, des ressources et des outils peut renforcer leurs connaissances, leurs capacités de prise de décision et leur sensibilisation aux escroqueries et à l'exploitation financière.

Guidance Professionnelle

- Encourager les personnes âgées à solliciter des conseils auprès de professionnels financiers de confiance, tels que des planificateurs financiers ou des avocats spécialisés en droit des aînés, peut leur fournir des conseils sur la gestion de leurs finances, la planification successorale et la protection de leurs actifs.

Soutien aux Aidants et Surveillance

- Mettre en place des programmes de soutien aux aidants qui favorisent un comportement éthique, dispensent une formation sur la gestion financière et établissent des systèmes de surveillance peut réduire le risque d'exploitation par les aidants.

Renforcement des Protections Légales

- Renforcer les protections légales contre l'exploitation financière, notamment en adoptant des réglementations plus strictes, enimposant des sanctions aux auteurs et en mettant en place des dispositifs de protection pour les personnes âgées, peut dissuader et offrir des recours aux victimes.

Sensibilisation Communautaire et Collaboration

- Sensibiliser la communauté à l'exploitation financière et favoriser les collaborations entre les organisations communautaires, les institutions financières et les organismes chargés de l'application des lois peut améliorer la détection, le signalement et la réponse aux cas d'abus financiers.

Les contraintes financières et l'exploitation représentent des risques importants pour le bien-être et la sécurité des personnes âgées, soulignant l'importance de traiter ces problèmes dans le cadre de la prévention de la maltraitance des personnes âgées. En reconnaissant les causes et les conséquences des contraintes financières et de l'exploitation, nous pouvons mettre en œuvre des stratégies efficaces pour prévenir l'exploitation financière, promouvoir l'autonomisation financière et protéger la sécurité financière des personnes âgées. Fournir une éducation financière, des conseils professionnels, un soutien aux aidants, des protections légales renforcées et une collaboration communautaire peut contribuer à créer une société qui protège la sécurité financière et la dignité des personnes âgées. Il est essentiel que nous donnions la priorité au bien-être financier des personnes âgées, garantissions leur accès aux ressources et travaillions collectivement à prévenir l'exploitation et les abus financiers.

Chapitre 4
Identification des Populations Vulnérables en Relation avec la Maltraitance des Personnes Âgées

L'identification des populations vulnérables est cruciale pour comprendre les risques et les défis spécifiques auxquels elles sont confrontées en ce qui concerne la maltraitance des personnes âgées. Certaines catégories de personnes âgées peuvent être plus susceptibles à la maltraitance en raison de facteurs tels que l'âge, les conditions de santé, le statut socio-économique ou les antécédents culturels. Dans ce chapitre, nous explorerons diverses populations vulnérables, examinerons leurs vulnérabilités uniques à la maltraitance des personnes âgées et discuterons des stratégies pour les protéger et les soutenir. En reconnaissant ces populations vulnérables, nous pouvons développer des interventions ciblées, sensibiliser et garantir le bien-être de toutes les personnes âgées.

Les Personnes Âgées Frêles et Dépendantes

Les personnes âgées frêles et dépendantes sont particulièrement vulnérables à la maltraitance des personnes âgées en raison de leurs limitations physiques et de leur dépendance accrue envers autrui pour les activités quotidiennes. Ces individus peuvent nécessiter de l'aide pour les soins personnels, la mobilité ou la gestion des médicaments, ce qui les rend dépendants des aidants. Leur vulnérabilité peut être exacerbée s'ils manquent de réseaux de soutien social ou s'ils sont isolés de leurs communautés. Les aidants ou les membres de la famille peuvent exploiter leur dépendance, se livrant à des comportements abusifs ou négligeant leurs besoins.

Les Personnes Âgées avec des Impairments Cognitifs

Les personnes âgées avec des impairments cognitifs, tels que la démence ou la maladie d'Alzheimer, courent un risque accru de maltraitance des personnes âgées. Leurs limitations cognitives peuvent entraver leur capacité à reconnaître des situations abusives, à communiquer leurs expériences ou à prendre des décisions éclairées. Les aidants ou d'autres personnes peuvent profiter de leurs vulnérabilités cognitives, les manipuler à des fins personnelles ou adopter des comportements négligents. Il est crucial de mettre en place des mesures de protection et des services de soutien adaptés pour protéger les droits et le bien-être des personnes avec des impairments cognitifs.

Les Personnes Âgées Socialement Isolées

L'isolement social et la solitude augmentent le risque de maltraitance des personnes âgées. Les personnes âgées qui manquent de connexions sociales et de systèmes de soutien sont plus susceptibles d'être maltraitées, car elles peuvent être plus dépendantes des aidants ou d'autres personnes qui pourraient exploiter leur vulnérabilité. Les personnes âgées socialement isolées peuvent avoir peu d'occasions d'interaction sociale, rendant difficile la détection des abus ou l'accès aux services de soutien nécessaires. Les programmes d'engagement communautaire, les groupes de soutien et les initiatives bénévoles peuvent contribuer à lutter contre l'isolement social et protéger cette population vulnérable.

Les Communautés Marginalisées et Sous-Servies

Certaines communautés marginalisées et sous-servies, notamment les minorités raciales et ethniques, les populations immigrantes et les personnes ayant une maîtrise limitée de l'anglais, sont confrontées à des défis et vulnérabilités uniques en matière de maltraitance des personnes âgées. Les barrières linguistiques, les normes culturelles, la discrimination et le manque de sensibilisation aux ressources disponibles peuvent entraver leur accès aux services de soutien et aux interventions appropriées. Les efforts ciblés de sensibilisation, l'éducation culturellement sensible et les initiatives d'engagement peuvent contribuer à combler ces lacunes et garantir une protection équitable pour toutes les personnes âgées.

Les Personnes Âgées LGBTQ+

Les personnes âgées LGBTQ+ peuvent être plus vulnérables à la maltraitance des personnes âgées en raison de facteurs tels que la stigmatisation, la discrimination et le manque historique de protections légales. Ces individus peuvent avoir subi une vie entière de discrimination, ce qui peut avoir un impact sur leur bien-être physique et mental et limiter leur accès à des réseaux de soutien. La maltraitance des personnes âgées au sein des communautés LGBTQ+ peut se produire au sein des familles, des établissements de soins ou de la société en général. Des services culturellement compétents, des politiques inclusives et des environnements de soutien peuvent contribuer à protéger les droits et le bien-être des personnes âgées LGBTQ+.

Les Personnes Âgées Vivant une Violence Conjugale

La violence conjugale peut se poursuivre à un âge avancé, exposant les personnes âgées à des risques d'abus de la part de leurs partenaires actuels ou anciens. Les personnes âgées victimes de violence conjugale peuvent être confrontées à des défis spécifiques pour demander de l'aide, tels que la dépendance financière, la peur des représailles ou le manque de sensibilisation aux ressources disponibles. Reconnaître les signes de violence conjugale chez les personnes âgées et fournir des services de soutien spécialisés, notamment des refuges sûrs, des conseils et une assistance juridique, est crucial pour traiter cette population vulnérable.

Stratégies pour Protéger les Populations Vulnérables

Pour protéger les populations vulnérables de la maltraitance des personnes âgées, une approche multifacette est nécessaire.

Éducation et Sensibilisation

- Sensibiliser à propos des vulnérabilités et des défis uniques auxquels font face différentes populations est essentiel. Les campagnes de sensibilisation, les programmes de formation et les documents culturellement sensibles peuvent aider à promouvoir la compréhension, la reconnaissance et la réponse appropriée à la maltraitance des personnes âgées au sein des populations vulnérables.

Interventions Ciblées

- Développer des interventions ciblées qui répondent aux besoins spécifiques des populations vulnérables est crucial. Cela peut inclure la fourniture de services de soutien spécialisés, une assistance linguistique, une formation à la sensibilité culturelle et des protections légales qui tiennent compte des circonstances et des défis uniques de chaque groupe.

Collaboration et Partenariats

- Établir des collaborations entre les fournisseurs de soins de santé, les services sociaux, les organisations communautaires et les groupes de défense des droits peut améliorer la coordination des soins, faciliter l'accès aux ressources et garantir une approche holistique de la protection des populations vulnérables.

Autonomisation et Plaidoyer

- Autonomiser les populations vulnérables en encourageant l'autodéfense, en favorisant les connexions sociales et en fournissant des ressources et des outils peut aider à réduire leur vulnérabilité à l'abus. Encourager leur participation à la prise de décision, promouvoir leurs droits et amplifier leurs voix peut soutenir leur bien-être général et leur protection.

Identifier les populations vulnérables est crucial pour des efforts efficaces de prévention, de détection et d'intervention dans la maltraitance des personnes âgées. Comprendre les vulnérabilités uniques auxquelles sont confrontées différentes populations nous permet de développer des stratégies ciblées, de sensibiliser et de mettre en œuvre des mesures de protection pour garantir le bien-être de toutes les personnes âgées. En abordant les défis spécifiques auxquels sont confrontées les personnes âgées frêles et dépendantes, celles avec des impairments cognitifs, les personnes socialement isolées, les communautés marginalisées et sous-servies, les personnes âgées LGBTQ+ et celles vivant une violence conjugale, nous pouvons œuvrer vers une société qui valorise et protège les droits et la dignité de toutes les personnes âgées. Il est de notre responsabilité collective de veiller à ce que les populations vulnérables reçoivent le soutien, les ressources et les protections dont elles ont besoin pour vieillir en toute sécurité, respect et dignité.

La Démence et l'Altération Cognitive en Relation avec la Maltraitance des Personnes Âgées

La démence et l'altération cognitive sont des facteurs de risque importants de la maltraitance des personnes âgées, mettant en évidence la vulnérabilité des personnes âgées qui connaissent un déclin cognitif. Dans ce chapitre, nous explorerons les causes et les conséquences de la démence et de l'altération cognitive, examinerons leur relation avec la maltraitance des personnes âgées et discuterons des stratégies pour protéger et soutenir les individus vivant avec ces conditions. En comprenant l'impact de la démence et de l'altération cognitive, nous pouvons œuvrer vers une société qui favorise le bien-être et la sécurité des personnes âgées.

Compréhension de la Démence et de l'Altération Cognitive

La démence est un syndrome caractérisé par un déclin progressif des fonctions cognitives, une perte de mémoire, un jugement altéré et des changements de comportement et de personnalité. La maladie d'Alzheimer est la forme la plus courante de démence, mais il existe d'autres types également, notamment la démence vasculaire, la démence à corps de Lewy et la démence frontotemporale. L'altération cognitive désigne une gamme plus large de déficits cognitifs qui peuvent ne pas répondre aux critères d'un diagnostic de démence, mais qui impactent néanmoins la capacité d'une personne à fonctionner de manière autonome.

Causes et Progression

La démence et l'altération cognitive peuvent avoir diverses causes sous-jacentes. La maladie d'Alzheimer est associée à l'accumulation de plaques de bêta-amyloïde et de enchevêtrements de protéines tau dans le cerveau. La démence vasculaire résulte d'un flux sanguin altéré vers le cerveau, souvent dû à un AVC ou à d'autres problèmes vasculaires. D'autres causes incluent les traumatismes crâniens, la maladie de Parkinson, la maladie de Huntington et certaines infections ou troubles métaboliques. La progression de la démence et de l'altération cognitive varie en fonction de la cause sous-jacente, mais elle implique généralement un déclin progressif des capacités cognitives et du fonctionnement quotidien.

Vulnérabilités à la Maltraitance des Personnes Âgées

Les individus vivant avec la démence et l'altération cognitive sont particulièrement vulnérables à la maltraitance des personnes âgées en raison de leurs capacités cognitives diminuées et de leur dépendance accrue envers autrui. Ils peuvent avoir du mal à reconnaître et comprendre les situations abusives, à communiquer leurs expériences ou à prendre des décisions éclairées concernant leur sécurité et leur bien-être. Cette vulnérabilité est encore exacerbée par la perte de mémoire, la confusion et la désorientation qui peuvent survenir avec ces conditions. Les aidants ou d'autres individus peuvent exploiter leurs vulnérabilités cognitives en adoptant des comportements abusifs, en négligeant leurs besoins ou en exploitant leurs ressources.

Formes de Maltraitance des Personnes Âgées

La maltraitance des personnes âgées dans le contexte de la démence et de l'altération cognitive peut revêtir diverses formes, notamment :

Abus Physique

- Cela implique l'utilisation de la force physique qui entraîne de la douleur, des blessures ou une altération. Cela peut inclure les coups, les poussées, les entraves ou l'utilisation inappropriée de médicaments ou de contraintes physiques.

Abus Émotionnel et Psychologique

- Cette forme d'abus implique l'utilisation de menaces, d'humiliation, d'intimidation ou de manipulation pour contrôler ou nuire au bien-être émotionnel d'une personne. Cela peut inclure des insultes verbales, l'isolement, la privation d'affection ou les traiter comme s'ils étaient incompétents.

Négligence

- La négligence survient lorsque l'aidant ne fournit pas les soins, l'assistance ou la supervision nécessaires, entraînant des préjudices ou un risque de préjudices pour la personne atteinte de démence ou d'altération cognitive. Cela peut inclure le fait de ne pas fournir de nourriture, de médicaments, d'assistance à l'hygiène ou de soins médicaux nécessaires.

Exploitation Financière

- Les aidants, les membres de la famille ou d'autres individus peuvent exploiter l'altération cognitive de la personne pour accéder à ses ressources financières, abuser de ses fonds ou manipuler les décisions financières.

Conséquences et Impact

La maltraitance des personnes âgées dans le contexte de la démence et de l'altération cognitive a des conséquences significatives sur le bien-être et la qualité de vie des personnes âgées.

Cela peut entraîner des blessures physiques, une détresse émotionnelle, une confusion accrue et des symptômes comportementaux exacerbés. Les expériences abusives peuvent aggraver le déclin cognitif, aggraver la perte de mémoire et contribuer à une dépendance accrue envers les aidants. La perte de confiance, de sécurité et de dignité peut compromettre davantage le bien-être global de la personne et accélérer potentiellement la progression de son altération cognitive.

Stratégies de Prévention et d'Intervention

- Protéger les personnes atteintes de démence et d'altération cognitive contre la maltraitance des personnes âgées nécessite une approche multifacette :

Éducation et Formation

- Les aidants, les professionnels de la santé et les membres de la communauté doivent recevoir une éducation et une formation sur la démence, l'altération cognitive et la maltraitance des personnes âgées. Cela inclut la reconnaissance des signes d'abus, la compréhension des stratégies de communication et l'apprentissage de techniques pour créer un environnement de soutien et de sécurité.

Soins Centrés sur la Personne

- L'adoption d'approches de soins centrées sur la personne qui respectent l'autonomie et les besoins individuels de ceux qui ont la démence ou l'altération cognitive peut aider à réduire le risque d'abus. Cela inclut leur implication dans la prise de décisions dans la mesure du possible, la promotion de la dignité et l'adaptation des soins à leurs préférences.

Soutien aux Aidants

- Fournir des services de soutien aux aidants, tels que des soins de relève, du counseling et de la formation sur la gestion des comportements difficiles, peut aider à réduire le stress des aidants et diminuer la probabilité de comportements abusifs.

Collaboration et Communication

- Encourager la collaboration et la communication efficace entre les prestataires de soins de santé, les aidants et les services sociaux peut améliorer la détection, le signalement et l'intervention dans les cas de maltraitance des personnes âgées.

Protections Légales

- Renforcer les protections légales pour les personnes atteintes de démence et d'altération cognitive, y compris les lois sur la tutelle, les procurations et les mécanismes de surveillance financière, peut aider à prévenir l'exploitation financière et garantir que leurs droits et leur bien-être sont protégés.

Soutien Communautaire et Ressources

- Créer des réseaux communautaires de soutien, offrir l'accès à des groupes de soutien, à des cafés mémoire et à des activités sociales adaptées aux personnes atteintes de démence ou d'altération cognitive, peut aider à réduire l'isolement social et à favoriser l'engagement social.

La démence et l'altération cognitive posent des défis uniques pour les personnes âgées et augmentent leur vulnérabilité à la maltraitance des personnes âgées. Comprendre les causes, la progression et l'impact de ces conditions est essentiel pour développer des stratégies visant à protéger et à soutenir les individus vivant avec la démence et l'altération cognitive. En mettant en place des mesures préventives, en renforçant le soutien aux aidants, en promouvant des soins centrés sur la personne et en renforçant les protections légales, nous pouvons créer une société qui préserve le bien-être et la dignité des personnes âgées vivant avec la démence et l'altération cognitive. Il est de notre responsabilité collective de garantir leur sécurité, de respecter leur autonomie et de fournir le soutien nécessaire pour les aider à vieillir avec dignité et qualité de vie.

Les Personnes Âgées en Situation de Handicap par Rapport à la Maltraitance des Personnes Âgées

Les personnes âgées en situation de handicap constituent une population vulnérable qui nécessite une attention et un soutien spécifiques pour les protéger de la maltraitance et garantir leur bien-être. Dans ce chapitre, nous explorerons les défis uniques auxquels sont confrontées les personnes âgées en situation de handicap, examinerons la relation entre le handicap et la maltraitance des personnes âgées, et discuterons des stratégies visant à promouvoir leur sécurité et à améliorer leur qualité de vie. En comprenant l'impact du handicap sur les personnes âgées et en répondant à leurs besoins spécifiques, nous pouvons travailler vers une société qui valorise et soutient les droits et la dignité de toutes les personnes, quelle que soit leur capacité.

Comprendre le Handicap chez les Personnes Âgées

Le handicap chez les personnes âgées fait référence à toute condition qui altère les fonctions physiques, cognitives, sensorielles ou mentales, affectant leur capacité à effectuer des activités quotidiennes de manière indépendante. Les handicaps peuvent résulter de maladies chroniques, de blessures, de conditions dégénératives ou de troubles congénitaux. Les handicaps courants chez les personnes âgées comprennent les limitations de mobilité, les déficiences visuelles ou auditives, les altérations cognitives (telles que la démence ou les déficiences intellectuelles) et les problèmes de santé mentale. Chaque handicap présente des défis uniques nécessitant des approches adaptées pour le soutien et les soins.

Vulnérabilités à la Maltraitance des Personnes Âgées

Les personnes âgées en situation de handicap sont plus vulnérables à la maltraitance en raison d'une combinaison de facteurs. Leurs handicaps peuvent leur rendre difficile de se protéger, de communiquer efficacement ou de reconnaître des situations abusives. La dépendance envers d'autres pour les activités quotidiennes et les soins accroît leur dépendance envers les aidants, les membres de la famille ou les systèmes de soutien, créant des déséquilibres de pouvoir qui peuvent être exploités. La mobilité réduite ou les déficiences sensorielles peuvent également les isoler socialement, rendant plus difficile la détection et le signalement des cas de maltraitance. Ces vulnérabilités rendent crucial la mise en place de mesures de protection et de systèmes de soutien pour garantir leur sécurité et leur bien-être.

Stratégies de Prévention et d'Intervention

Pour protéger les personnes âgées en situation de handicap de la maltraitance, des stratégies et des interventions globales sont nécessaires.

Éducation et Sensibilisation

- Sensibiliser aux droits et aux besoins des personnes âgées en situation de handicap et fournir une éducation sur la reconnaissance et la réponse à la maltraitance des personnes âgées est essentiel. Cela inclut la formation des aidants, des professionnels de la santé et des membres de la communauté pour détecter les signes de maltraitance et fournir un soutien approprié.

Soins Centrés sur la Personne

- L'adoption d'approches de soins centrés sur la personne qui privilégient l'autonomie et la dignité des personnes en situation de handicap est crucial. Cela inclut leur participation à la prise de décisions, l'adaptation des soins à leurs besoins et préférences spécifiques, et la promotion de leur indépendance et de leur expression personnelle.

Services de Soutien

- Fournir des services de soutien spécialisés, tels que des dispositifs d'assistance, des modifications pour l'accessibilité, de l'aide aux soins personnels et des soins de relève, peut améliorer leur qualité de vie et réduire leur vulnérabilité à la maltraitance.

Formation et Soutien aux Aidants

- Offrir des programmes de formation aux aidants axés sur les techniques de soins spécifiques aux handicaps, les stratégies de communication et la gestion du stress peut réduire le risque de comportements abusifs et promouvoir le bien-être à la fois de l'aidant et de la personne en situation de handicap.

Systèmes de Signalement et de Soutien Accessibles

- Établir des mécanismes de signalement accessibles pour la maltraitance des personnes âgées et des systèmes de soutien adaptés aux besoins spécifiques des personnes en situation de handicap est crucial. Cela inclut la fourniture d'aides à la communication, de professionnels formés qui comprennent les défis liés au handicap, et la coordination avec les prestataires de services aux personnes en situation de handicap pour assurer un soutien complet.

Protections Légales

- Renforcer les protections légales pour les personnes âgées en situation de handicap, y compris la législation contre la maltraitance des personnes âgées, les lois sur la tutelle et les procurations, peut aider à prévenir la maltraitance et offrir des recours aux victimes.

Les personnes âgées en situation de handicap constituent une population vulnérable nécessitant un soutien et une protection adaptés contre la maltraitance. Comprendre les défis uniques auxquels elles sont confrontées et mettre en œuvre des stratégies pour répondre à leurs besoins spécifiques est crucial pour promouvoir leur sécurité, leur dignité et leur bien-être. En sensibilisant, en proposant des soins centrés sur la personne, en offrant des services de soutien, en formant les aidants, en garantissant des systèmes de signalement accessibles et en renforçant les protections légales, nous pouvons créer une société qui valorise et protège les personnes âgées en situation de handicap. Il est de notre responsabilité collective de soutenir leurs droits, d'améliorer leur qualité de vie et de garantir qu'elles puissent vieillir avec dignité et respect.

Les Communautés Minoritaires et Sous-desservies par Rapport à la Maltraitance des Personnes Âgées

Les communautés minoritaires et sous-desservies sont souvent plus touchées par la maltraitance des personnes âgées en raison de divers facteurs, tels que les inégalités systémiques, les barrières culturelles et l'accès limité aux ressources. Dans ce chapitre, nous explorerons les défis uniques auxquels sont confrontés les personnes âgées des communautés minoritaires et sous-desservies, examinerons la relation entre ces communautés et la maltraitance des personnes âgées, et discuterons des stratégies visant à promouvoir leur sécurité et leur bien-être. En comprenant l'impact de ces facteurs, nous pouvons travailler vers une société qui valorise et protège les droits de toutes les personnes âgées, indépendamment de leurs origines.

Comprendre les Communautés Minoritaires et Sous-desservies

Les communautés minoritaires et sous-desservies englobent divers groupes, notamment les minorités raciales et ethniques, les populations immigrantes, les personnes ayant une maîtrise limitée de l'anglais et les personnes à faible revenu. Ces communautés sont souvent confrontées à des disparités en matière de soins de santé, d'éducation, d'emploi et de services sociaux. Les normes culturelles, les barrières linguistiques, la discrimination et le manque de sensibilisation aux ressources disponibles contribuent encore davantage à leur vulnérabilité et à leur accès limité aux systèmes de soutien.

Défis auxquels sont Confrontées les Communautés Minoritaires et Sous-desservies

Les communautés minoritaires et sous-desservies sont confrontées à des défis spécifiques qui augmentent leur vulnérabilité à la maltraitance des personnes âgées

Barrières Linguistiques

- La maîtrise limitée de l'anglais peut entraver la communication avec les prestataires de soins de santé, les services sociaux et les organismes chargés de l'application de la loi, rendant difficile le signalement de la maltraitance ou l'accès au soutien. Les barrières linguistiques peuvent également empêcher les individus de comprendre pleinement leurs droits et les ressources disponibles.

Normes Culturelles et Traditions

- Les normes et traditions culturelles peuvent influencer les perceptions du vieillissement, de la prise en charge et du signalement de la maltraitance. Ces facteurs peuvent créer des obstacles à la recherche d'aide ou à la divulgation de la maltraitance, car les individus craignent la stigmatisation, le déshonneur familial ou les représailles.

Discrimination et Stéréotypes

- Le racisme systémique, la discrimination et les stéréotypes peuvent entraîner l'exclusion sociale, un accès limité aux services et des disparités en matière de soins de santé. Ces facteurs peuvent contribuer à une vulnérabilité accrue et à des réseaux de soutien réduits, rendant plus difficile la détection et la prévention de la maltraitance des personnes âgées.

Désavantages Économiques

- Les disparités économiques, les niveaux de revenu faibles et le manque de ressources financières peuvent limiter l'accès à des environnements de vie sûrs et favorables, à des soins de santé de qualité et à une représentation légale. Les contraintes financières peuvent rendre plus difficile pour les individus de quitter des situations abusives ou de rechercher de l'aide.

Formes de Maltraitance des Personnes Âgées dans les Communautés Minoritaires et Sous-desservies

La maltraitance des personnes âgées dans les communautés minoritaires et sous-desservies peut prendre diverses formes

Maltraitance Physique

- La maltraitance physique peut impliquer des actes tels que des coups, des poussées ou des contraintes sur une personne âgée. Les normes culturelles ou les barrières linguistiques peuvent rendre plus difficile la reconnaissance et le signalement de cette forme de maltraitance.

Maltraitance Émotionnelle et Psychologique

- La maltraitance émotionnelle peut inclure des insultes verbales, des menaces ou de l'humiliation. Les facteurs culturels, tels que les valeurs collectives ou les dynamiques intergénérationnelles, peuvent perpétuer la maltraitance émotionnelle au sein des familles ou des communautés.

Négligence

- La négligence survient lorsque les soignants n'offrent pas les soins, l'assistance ou la surveillance nécessaires, entraînant un préjudice ou un risque de préjudice pour la personne âgée. Un accès limité aux soins de santé ou aux services de soutien peut contribuer à la négligence dans les communautés sous-desservies.

Exploitation Financière

- L'exploitation financière implique l'utilisation abusive ou le vol des ressources financières d'une personne âgée. Les escrocs ou les auteurs peuvent cibler les individus ayant une faible alphabétisation financière ou une méconnaissance des systèmes financiers de leur nouveau pays.

Stratégies de Soutien aux Communautés Minoritaires et Sous-desservies

Pour protéger les communautés minoritaires et sous-desservies de la maltraitance des personnes âgées, une approche globale est nécessaire

Compétence Culturelle

- Développer la compétence culturelle parmi les prestataires de services, y compris les professionnels de la santé, les travailleurs sociaux et le personnel chargé de l'application de la loi, est crucial. Cela implique de comprendre les normes culturelles, les traditions et les styles de communication pour offrir des soins appropriés et respectueux.

Accès à la Langue

- Assurer l'accès à la langue est essentiel pour une communication efficace et l'accès aux services. Cela inclut la fourniture de services d'interprétation, de documents traduits et de personnel multilingue pour aider les personnes ayant une maîtrise limitée de l'anglais.

Engagement Communautaire

- Impliquer les leaders communautaires, les organisations religieuses et les initiatives locales peut promouvoir la sensibilisation, l'éducation et les réseaux de soutien au sein des communautés minoritaires et sous-desservies. Les interventions pilotées par la communauté sont plus susceptibles d'être culturellement pertinentes et efficaces.

Sensibilisation et Éducation

ener des campagnes de sensibilisation et d'éducation ciblées peut accroître la sensibilisation à la maltraitance des personnes âgées, aux ressources disponibles et aux droits au sein des communautés minoritaires et sous-desservies. Ces initiatives doivent être sensibles sur le plan culturel et aborder les obstacles spécifiques auxquels chaque communauté est confrontée.

Collaboration et Partenariats

- Établir des partenariats entre les organisations communautaires, les agences de services sociaux, les prestataires de soins de santé et les organismes chargés de l'application de la loi peut améliorer la coordination des services et les réponses aux cas de maltraitance des personnes âgées.

Protections Légales

- Renforcer les protections légales et les politiques contre la maltraitance des personnes âgées peut contribuer à protéger les droits et le bien-être des personnes âgées des communautés minoritaires et sous-desservies. Cela inclut la formation en compétence culturelle pour les professionnels du droit et la garantie d'un accès équitable à la justice.

Lutter contre la maltraitance des personnes âgées au sein des communautés minoritaires et sous-desservies nécessite une approche globale et culturellement sensible. En comprenant les défis uniques auxquels sont confrontées ces communautés, nous pouvons développer des stratégies qui favorisent la sécurité, la sensibilisation et le soutien. Les soins culturellement compétents, l'accès à la langue, l'engagement communautaire, la sensibilisation et l'éducation, la collaboration entre les prestataires de services et le renforcement des protections légales sont essentiels pour protéger les droits et le bien-être des personnes âgées des communautés minoritaires et sous-desservies. Il est de notre responsabilité collective de veiller à ce que toutes les personnes âgées, indépendamment de leurs origines, reçoivent des soins équitables, du respect et une protection contre la maltraitance des personnes âgées.

Chapitre 5
Briser le Silence : Signalement et Intervention dans la Maltraitance des Personnes Âgées

Briser le silence entourant la maltraitance des personnes âgées est crucial pour la sécurité et le bien-être des adultes plus âgés. Dans ce chapitre, nous explorerons l'importance du signalement et de l'intervention dans la lutte contre la maltraitance des personnes âgées. Nous discuterons des obstacles qui entravent le signalement, examinerons le rôle des différentes parties prenantes dans l'intervention, et explorerons les stratégies visant à améliorer les efforts de signalement et d'intervention. En encourageant le signalement et en mettant en œuvre des mesures d'intervention efficaces, nous pouvons créer une société qui accorde la priorité à la protection et au soutien des adultes plus âgés.

Obstacles au Signalement

Le signalement de la maltraitance des personnes âgées peut être difficile en raison de plusieurs obstacles.

Peur et Honte

- Les adultes plus âgés peuvent craindre des représailles, davantage de mauvais traitements, ou la perte de leur indépendance s'ils révèlent les abus. Ils peuvent également se sentir honteux ou croire qu'ils sont en quelque sorte responsables des abus qu'ils ont subis.

Dépendance et Déséquilibres de Pouvoir

- Les adultes plus âgés qui dépendent de leurs agresseurs pour les soins, le soutien financier, ou le logement peuvent hésiter à signaler les abus par crainte de perdre des ressources essentielles ou d'être institutionnalisés.

Manque de Conscience et de Reconnaissance

- De nombreuses personnes, y compris les adultes plus âgés eux-mêmes, peuvent ne pas reconnaître les signes de maltraitance des personnes âgées ou comprendre que ce qu'ils vivent constitue de la maltraitance. Ce manque de conscience peut empêcher le signalement.

Obstacles Cognitifs ou de Communication

- Les adultes plus âgés souffrant de troubles cognitifs ou de difficultés de communication peuvent avoir du mal à exprimer leurs expériences ou peuvent ne pas avoir la capacité de comprendre et de signaler les abus.

Isolement et Manque de Soutien

- L'isolement social, l'accès limité aux réseaux de soutien et le manque de ressources ou de connaissances sur les services disponibles peuvent rendre difficile pour les adultes plus âgés de demander de l'aide ou de savoir où signaler les abus.

Le Rôle des Diverses Parties Prenantes dans l'Intervention

Plusieurs parties prenantes jouent un rôle crucial dans le signalement et l'intervention dans les cas de maltraitance des personnes âgées

Professionnels de la Santé

- Les professionnels de la santé, y compris les médecins, les infirmières et les travailleurs sociaux, sont souvent en position privilégiée pour identifier les signes de maltraitance lors des visites médicales. Ils peuvent réaliser des évaluations, fournir les soins médicaux nécessaires, et orienter les personnes vers d'autres services de soutien.

Agences de Services Sociaux

- Les agences de services sociaux, telles que les services de protection des adultes, peuvent recevoir des signalements de maltraitance, mener des enquêtes, et offrir un soutien et une intervention aux personnes âgées dans le besoin. Elles jouent un rôle essentiel en connectant les personnes âgées avec les ressources nécessaires et en assurant leur sécurité.

Forces de l'Ordre

- Les forces de l'ordre ont l'autorité pour enquêter sur des allégations de maltraitance des personnes âgées, protéger les personnes âgées contre des dangers immédiats, et tenir les auteurs responsables à travers des actions légales. Elles collaborent avec d'autres parties prenantes pour fournir une intervention et un soutien complets.

Professionnels du Droit

- Les professionnels du droit, y compris les avocats et les services d'aide juridique, peuvent fournir des conseils sur les options légales, les ordonnances de protection, et les recours légaux pour les victimes de maltraitance des personnes âgées. Ils jouent un rôle vital en garantissant que les personnes âgées ont accès à la justice et que leurs droits sont respectés.

Aidants et Membres de la Famille

- Les aidants et les membres de la famille ont la responsabilité de protéger le bien-être des personnes âgées. Ils peuvent signaler des abus présumés, fournir un soutien pendant le processus d'intervention, et participer aux efforts pour prévenir de nouveaux abus.

Stratégies pour Améliorer le Signalement et l'Intervention

Pour renforcer les efforts de signalement et d'intervention dans les cas de maltraitance des personnes âgées, plusieurs stratégies peuvent être mises en œuvre

Campagnes de Sensibilisation Publique

- Le lancement de campagnes de sensibilisation publique sur les signes de maltraitance des personnes âgées, les mécanismes de signalement, et les services de soutien disponibles peut éduquer le grand public et habiliter les individus à agir.

Formation et Éducation

- La formation et l'éducation des professionnels de la santé, des travailleurs sociaux, des agents de l'ordre, des professionnels du droit, et des aidants peuvent renforcer leur capacité à reconnaître et à réagir efficacement à la maltraitance des personnes âgées.

Renforcement des Systèmes de Signalement

- La mise en place de mécanismes de signalement accessibles et conviviaux, tels que des lignes d'assistance téléphonique, des plateformes de signalement en ligne, ou des agences de signalement désignées, peut encourager les individus à signaler les abus et à fournir une intervention rapide.

Collaboration Multi-Disciplinaire

- La promotion de la collaboration et de la coordination entre les parties prenantes, y compris les professionnels de la santé, les agences de services sociaux, les forces de l'ordre, et les professionnels du droit, facilite une approche globale et coordonnée de l'intervention.

Approches Axées sur la Victime

- L'adoption d'approches axées sur la victime qui privilégient la sécurité, le bien-être, et l'autonomie des personnes âgées est essentielle. Cela inclut veiller à ce que leurs voix soient entendues, fournir des services de soutien adaptés à leurs besoins spécifiques, et les impliquer dans les processus de prise de décision.

Services de Soutien et Ressources

- Assurer la disponibilité de services de soutien tels que le conseil, les abris d'urgence, l'aide juridique, et l'aide financière peut fournir aux personnes âgées les ressources nécessaires pour sortir de situations abusives et reconstruire leur vie.

Briser le silence entourant la maltraitance des personnes âgées nécessite des efforts concertés pour améliorer le signalement et l'intervention. En abordant les obstacles au signalement, en impliquant diverses parties prenantes, en mettant en œuvre des stratégies pour améliorer les systèmes de signalement, et en fournissant des services de soutien complets, nous pouvons créer une société où les personnes âgées sont protégées, soutenues, et habilitées à vivre sans abus. Il est de notre responsabilité collective de privilégier la sécurité et le bien-être des personnes âgées, d'encourager le signalement, et d'intervenir efficacement pour prévenir et traiter la maltraitance des personnes âgées. Grâce à ces actions, nous pouvons construire une société qui valorise et respecte la dignité et les droits des personnes âgées.

Chapitre 5
Signalement de la maltraitance des personnes âgées Considérations légales et éthiques

Le signalement de la maltraitance des personnes âgées est une étape cruciale pour protéger les personnes âgées de tout préjudice ultérieur et garantir leur sécurité et leur bien-être. Dans ce chapitre, nous explorerons les considérations légales et éthiques liées au signalement de la maltraitance des personnes âgées. Nous examinerons les obligations légales de signaler la maltraitance, les responsabilités éthiques des professionnels et des particuliers, ainsi que les défis et dilemmes potentiels qui peuvent se poser. En comprenant le cadre légal et éthique entourant le signalement, nous pouvons œuvrer pour une société qui défend les droits et protège les personnes âgées vulnérables.

Obligations Légales de Signaler

De nombreuses juridictions ont des lois qui imposent des obligations légales de signaler la maltraitance des personnes âgées. Ces lois varient d'une juridiction à l'autre, mais elles exigent généralement que certains professionnels ou individus signalent toute suspicion de maltraitance des personnes âgées ou tout cas de maltraitance qu'ils ont personnellement observé aux autorités compétentes. Les personnes tenues de signaler sont souvent des professionnels de la santé, des travailleurs sociaux, des membres des forces de l'ordre et des aidants. Le défaut de signaler la maltraitance peut entraîner des conséquences légales, telles que des amendes ou des sanctions.

Les obligations légales de signaler la maltraitance des personnes âgées servent plusieurs objectifs importants. Elles garantissent que les cas potentiels de maltraitance sont portés à l'attention des autorités, permettant ainsi une intervention rapide et la protection des personnes âgées. Le signalement soutient également la collecte de données précises sur la prévalence de la maltraitance des personnes âgées, ce qui aide à élaborer des politiques et à allouer des ressources de manière efficace pour faire face à ce problème.

Responsabilités éthiques des professionnels et des particuliers

Au-delà des obligations légales, les professionnels et les particuliers impliqués dans les soins et le soutien aux personnes âgées ont des responsabilités éthiques en matière de signalement de la maltraitance des personnes âgées. Les considérations éthiques mettent l'accent sur le bien-être, la dignité et l'autonomie de la personne âgée. Le signalement de la maltraitance est conforme aux principes éthiques tels que la bienfaisance (favoriser le bien-être de la personne âgée), la non-malfaisance (prévenir les préjudices) et la justice (plaider en faveur de l'équité et de la protection des individus vulnérables).

Les professionnels, y compris les prestataires de soins de santé, les travailleurs sociaux et les aidants, ont le devoir éthique d'agir dans l'intérêt supérieur de leurs clients ou patients. Ils doivent reconnaître et réagir rapidement aux signes de maltraitance, en préservant la confidentialité et la vie privée tout en équilibrant le besoin de protéger la personne âgée contre les préjudices. Le signalement de la maltraitance permet aux professionnels de remplir leurs responsabilités éthiques en garantissant que des interventions appropriées sont mises en place pour protéger le bien-être des personnes âgées.

Défis et dilemmes

Le signalement de la maltraitance des personnes âgées peut présenter des défis et des dilemmes pour les professionnels et les particuliers. Certains défis courants comprennent :

- L'absence de preuves : Dans certains cas, il peut y avoir peu de preuves ou d'incertitude quant à la réalité de la maltraitance. Les professionnels peuvent ne pas être sûrs si les signes observés sont indicatifs de maltraitance ou résultent d'autres facteurs. Équilibrer le besoin de signaler avec le préjudice potentiel que de fausses allégations pourraient causer nécessite une réflexion minutieuse.

Confidentialité et vie privée :

Les professionnels doivent naviguer avec délicatesse entre le respect des droits à la confidentialité et à la vie privée de la personne âgée et le devoir de la protéger contre les préjudices. Ils doivent veiller à ce que le signalement soit effectué de manière à minimiser le risque de préjudice supplémentaire ou de violation de la confidentialité.

- Considérations culturelles et éthiques : Différentes cultures peuvent avoir des perspectives distinctes sur la maltraitance des personnes âgées et les pratiques de signalement. Les professionnels doivent aborder le signalement de manière culturellement sensible, en tenant compte des valeurs, des croyances et des préférences de la personne âgée et de sa communauté.

Représailles et préoccupations en matière de sécurité :

Le signalement de la maltraitance peut potentiellement exposer la personne âgée à des représailles ou accroître le risque de préjudice. Les professionnels doivent évaluer la sécurité de la personne âgée et prendre des mesures appropriées pour la protéger lors du processus de signalement.

Stratégies pour améliorer le signalement

Pour améliorer le signalement de la maltraitance des personnes âgées tout en faisant face aux défis et dilemmes, plusieurs stratégies peuvent être mises en œuvre :

Éducation et formation :

Fournir une éducation et une formation complètes sur la reconnaissance des signes de maltraitance des personnes âgées, le processus de signalement et les considérations éthiques peut permettre aux professionnels et aux particuliers de réagir de manière appropriée et confiante.

Systèmes de signalement favorables :

Établir des systèmes de signalement favorables qui garantissent la confidentialité, protègent l'identité du rapporteur et fournissent des orientations et des ressources peut encourager les individus à se manifester et à signaler la maltraitance.

Collaboration et communication

Encourager la collaboration et la communication entre les professionnels, les organismes et les parties prenantes impliqués dans la prévention et l'intervention en cas de maltraitance des personnes âgées peut améliorer la coordination des efforts de signalement et garantir une réponse globale aux cas de maltraitance.

Cadres de prise de décision éthique

Élaborer des cadres de prise de décision éthique qui tiennent compte des circonstances uniques de chaque cas peut aider les professionnels à naviguer dans les complexités et les dilemmes liés au signalement de la maltraitance des personnes âgées.

Approche multidisciplinaire Adopter

une approche multidisciplinaire impliquant des professionnels de différents domaines, tels que la santé, les services sociaux et les professions juridiques, peut faciliter une évaluation globale de la situation et des mesures d'intervention appropriées.

Le signalement de la maltraitance des personnes âgées est à la fois une obligation légale et une responsabilité éthique. Les professionnels et les particuliers impliqués dans les soins et le soutien des personnes âgées doivent reconnaître les signes de maltraitance, comprendre les obligations légales de signalement et naviguer dans les défis et les dilemmes potentiels. En renforçant l'éducation, en établissant des systèmes de signalement favorables, en encourageant la collaboration et la communication, et en utilisant des cadres de prise de décision éthique, nous pouvons créer un environnement où le signalement de la maltraitance des personnes âgées est encouragé, facilité et traité de manière appropriée. En défendant les droits et le bien-être des personnes âgées, nous pouvons œuvrer pour une société qui protège et respecte ses membres les plus vulnérables.

Approches à l'intervention et au soutien en cas de maltraitance des personnes âgées

L'intervention et le soutien sont des éléments essentiels pour aborder efficacement la maltraitance des personnes âgées et promouvoir la sécurité et le bien-être des personnes âgées. Dans ce chapitre, nous explorerons diverses approches à l'intervention et au soutien des victimes de maltraitance des personnes âgées. Nous discuterons de l'importance d'une approche multidisciplinaire, examinerons différentes stratégies d'intervention et explorerons le rôle des services de soutien dans l'aide à la récupération et à l'épanouissement des personnes âgées. En comprenant et en mettant en œuvre ces approches, nous pouvons œuvrer à la création d'une société qui offre un soutien complet à ceux qui sont touchés par la maltraitance des personnes âgées.

Approche multidisciplinaire de l'intervention

- Identification et évaluation : Des professionnels de diverses disciplines travaillent ensemble pour identifier les cas de maltraitance des personnes âgées et effectuer des évaluations complètes afin de déterminer l'étendue de la maltraitance, la sécurité de la personne âgée et ses besoins spécifiques.

Communication et partage d'informations

- La communication efficace et le partage d'informations entre les professionnels sont cruciaux pour des efforts d'intervention coordonnés. Des réunions régulières de cas, le partage d'informations pertinentes et la prise de décisions conjointes garantissent une approche holistique de la lutte contre la maltraitance des personnes âgées.

Collaboration et orientation

- Les professionnels collaborent pour fournir des orientations appropriées et mettre en relation les personnes âgées avec les services de soutien nécessaires. Cela peut inclure des soins médicaux, du counseling, une aide juridique, une assistance au logement et un soutien financier.

Plaidoyer et soutien juridique

- Les professionnels du droit et les défenseurs jouent un rôle vital dans le soutien aux victimes de maltraitance des personnes âgées. Ils fournissent des conseils juridiques, aident à obtenir des ordonnances de protection, naviguent dans le système juridique et plaident pour les droits et les intérêts supérieurs de la personne âgée.

Stratégies d'intervention : Planification de la sécurité

- La planification de la sécurité consiste à développer des stratégies personnalisées pour assurer la sécurité immédiate de la personne âgée. Cela peut inclure l'identification d'espaces sûrs, l'établissement de contacts d'urgence et la mise en place de mesures de protection pour prévenir toute nouvelle maltraitance.

Conseil et soutien émotionnel

- Les services de conseil, y compris la thérapie individuelle, les groupes de soutien et les soins axés sur les traumatismes, aident les personnes âgées à faire face à l'impact émotionnel et psychologique de la maltraitance. Ces services offrent un espace sûr pour l'expression, la guérison et le développement de stratégies d'adaptation.

Intervention médicale

- Les professionnels de la santé jouent un rôle crucial dans la prise en charge des conséquences physiques de la maltraitance, en réalisant des examens médicaux, en traitant les blessures et en répondant aux besoins de santé globaux des personnes âgées.

L'intervention médicale inclut également l'évaluation et la gestion de l'impact de la maltraitance sur la santé mentale, notamment la dépression, l'anxiété et le trouble de stress post-traumatique (TSPT).

Intervention juridique

- L'intervention juridique implique de prendre des mesures légales appropriées pour protéger la personne âgée et tenir les auteurs responsables. Cela peut inclure la recherche d'ordonnances de protection, la poursuite d'accusations criminelles ou la défense des droits de la personne âgée dans le cadre de procédures judiciaires.

Plaidoyer et autonomisation

- Le plaidoyer vise à autonomiser les personnes âgées en leur fournissant des informations sur leurs droits, en les aidant à prendre des décisions et en soutenant leur autonomie. Les défenseurs travaillent aux côtés des personnes âgées pour les aider à naviguer dans les systèmes, à accéder aux ressources et à faire entendre leur voix.

Services de soutien

- Gestion de cas : Les gestionnaires de cas jouent un rôle crucial dans la coordination des services et la fourniture d'un soutien continu aux personnes âgées. Ils évaluent les besoins, élaborent des plans de soins, mettent en relation les individus avec les services appropriés et suivent les progrès pour garantir la fourniture d'un soutien complet.

Aide financière

- Les programmes d'aide financière peuvent aider les personnes âgées à se remettre de l'exploitation financière ou de la maltraitance. Ces programmes peuvent inclure le remboursement des actifs volés, une aide pour le logement ou les paiements de services publics, ou l'accès à des prestations et des droits.

Soutien au logement

- Offrir des options de logement sûres et adaptées est essentiel pour les personnes âgées victimes de maltraitance. Les services de soutien au logement peuvent inclure un logement de transition, des abris d'urgence ou une assistance pour se reloger dans des environnements plus sûrs.

Soutien aux aidants

- Les services de soutien aux aidants jouent un rôle important dans la prévention de la maltraitance et la promotion de relations de soins saines. Ces services peuvent inclure des soins de relève, des programmes de formation, des conseils et des groupes de soutien.

Intégration communautaire

- Les liens sociaux et la participation communautaire sont essentiels pour les personnes âgées en phase de rétablissement de la maltraitance. Les services d'intégration communautaire se concentrent sur la fourniture d'opportunités de socialisation, de participation à des activités et d'accès à des ressources communautaires.

Une intervention et un soutien efficaces sont essentiels pour lutter contre la maltraitance des personnes âgées et promouvoir leur sécurité, leur bien-être et leur rétablissement. Une approche multidisciplinaire garantit une réponse globale qui tient compte des facteurs complexes contribuant à la maltraitance des personnes âgées. Les stratégies d'intervention telles que la planification de la sécurité, le conseil, les interventions médicales et juridiques, et le plaidoyer permettent d'autonomiser les personnes âgées et de rendre les auteurs responsables. Les services de soutien, y compris la gestion de cas, l'aide financière, le soutien au logement, le soutien aux aidants et l'intégration communautaire, fournissent les ressources nécessaires pour la guérison et la reconstruction des vies. En mettant en œuvre ces approches, nous pouvons créer une société qui protège et soutient les personnes âgées, garantissant leur sécurité, leur dignité et leur bien-être face à la maltraitance des personnes âgées.

Chapitre 6
Prévention de la maltraitance des personnes âgées

La prévention de la maltraitance des personnes âgées est cruciale pour promouvoir la sécurité, le bien-être et la dignité des personnes âgées. Dans ce chapitre, nous explorerons différentes stratégies et approches pour prévenir la maltraitance des personnes âgées. Nous aborderons l'importance de la sensibilisation et de l'éducation, examinerons les facteurs de risque et les facteurs protecteurs, étudierons les interventions au niveau de la communauté et des politiques, et mettrons l'accent sur le rôle des individus et de la société dans la prévention de la maltraitance des personnes âgées. En comprenant et en mettant en œuvre des mesures préventives, nous pouvons créer une société qui valorise et protège les droits des personnes âgées.

Sensibilisation et Éducation

Sensibiliser et fournir une éducation sur la maltraitance des personnes âgées est une étape fondamentale dans la prévention. Cela comprend :

Campagnes de Sensibilisation Publique

- Lancement de campagnes pour accroître la sensibilisation du public aux signes, aux types et aux conséquences de la maltraitance des personnes âgées. Ces campagnes peuvent être menées à travers différents médias, tels que la télévision, la radio, les médias sociaux et les événements communautaires.

Formation Professionnelle

- Fournir une formation aux professionnels qui interagissent avec les personnes âgées, tels que les prestataires de soins de santé, les travailleurs sociaux, les agents de la force publique et les aidants. Les programmes de formation devraient se concentrer sur la reconnaissance des signes de maltraitance, la compréhension des facteurs de risque et la promotion de stratégies d'intervention appropriées.

Éducation Communautaire

- Organisation d'ateliers éducatifs et de séminaires dans les communautés pour informer les personnes âgées, leurs familles et les aidants sur la maltraitance des personnes âgées, les stratégies de prévention et les services de soutien disponibles.

Facteurs de Risque et Facteurs de Protection

Comprendre les facteurs de risque et les facteurs de protection associés à la maltraitance des personnes âgées est crucial pour les efforts de prévention. Les facteurs de risque augmentent la probabilité de maltraitance, tandis que les facteurs de protection agissent comme des amortisseurs contre la maltraitance. Voici quelques exemples :

Facteurs de Risque

- Isolation sociale et solitude : Les personnes âgées qui manquent de connexions sociales et de réseaux de soutien sont plus vulnérables à la maltraitance.

- Stress des aidants : Les aidants qui éprouvent un niveau élevé de stress, d'épuisement ou de manque de soutien sont plus susceptibles de se livrer à des comportements abusifs.

- Altération cognitive : Les personnes âgées souffrant de troubles cognitifs, tels que la démence, peuvent être plus exposées en raison de leur dépendance accrue à autrui.

- Antécédents de violence familiale : Des antécédents de violence au sein de la famille augmentent la probabilité de maltraitance des personnes âgées au sein de cette famille.

Facteurs de Protection

- Soutien social : Disposer d'un solide réseau de soutien social, comprenant la famille, les amis et la communauté, peut réduire le risque de maltraitance en fournissant une assistance et une compagnie.

- Soutien adéquat aux aidants : Veiller à ce que les aidants aient accès à des services de soutien, à des services de relève et à une formation peut soulager le stress des aidants et réduire le risque de maltraitance.

- Accès aux soins de santé : Des visites médicales régulières et des soins médicaux complets peuvent favoriser la détection précoce de la maltraitance et fournir des interventions.

- Sécurité financière : Des ressources financières adéquates et une éducation financière peuvent réduire le risque d'exploitation financière.

Interventions au Niveau Communautaire et Politique

- La prévention de la maltraitance des personnes âgées nécessite des interventions au niveau communautaire et politique. Certaines stratégies clés comprennent :

- Création de Communautés de Soutien : Création de communautés adaptées aux personnes âgées qui favorisent l'inclusion sociale, l'accès aux services et les liens intergénérationnels, ce qui peut réduire l'isolement social et augmenter les facteurs de protection pour les personnes âgées.

- Renforcement du Soutien aux Aidants : Mise en place de programmes de soutien aux aidants, de services de relève et d'opportunités de formation pour soulager le stress des aidants, améliorer leurs compétences et réduire le risque de maltraitance.

- Promotion de la Collaboration et du Partage d'Informations : Encouragement de la collaboration entre les professionnels, les agences et les organisations communautaires pour partager des informations, coordonner des services et développer une réponse globale aux cas de maltraitance des personnes âgées.

- Changements Législatifs et Politiques : Mise en œuvre et application de lois et de politiques qui protègent les droits des personnes âgées, luttent contre l'exploitation financière et renforcent les systèmes de signalement et d'intervention. Cela comprend le renforcement des services de protection des adultes, des lois sur la tutelle et des exigences de signalement de la maltraitance des personnes âgées.

Blessures invisibles

Responsabilités Individuelles et Sociétales

- La prévention de la maltraitance des personnes âgées est une responsabilité collective qui implique à la fois les individus et la société. Les responsabilités clés comprennent :

- Respect des Personnes Âgées : Respecter les droits, l'autonomie et la dignité des personnes âgées est essentiel pour prévenir la maltraitance. Cela inclut les traiter avec gentillesse, empathie et respect, valoriser leurs opinions et leurs décisions, et garantir leur participation aux processus décisionnels.

- Création de Solides Réseaux de Soutien : Établir de solides réseaux de soutien au sein des familles, des communautés et des institutions pour fournir un soutien social, une compagnie et de l'aide aux personnes âgées. Cela peut être réalisé grâce à des programmes communautaires, des initiatives de bénévolat et des activités intergénérationnelles.

- Signalement de la Maltraitance Suspectée : Encourager les individus à signaler les cas suspects de maltraitance des personnes âgées aux autorités appropriées ou aux lignes d'assistance. Créer un environnement de signalement sûr et confidentiel est essentiel pour surmonter les obstacles et garantir que la maltraitance soit traitée rapidement.

- Promotion de la Sensibilisation à l'Âgisme : Aborder l'âgisme et promouvoir des attitudes positives envers le vieillissement peut remettre en question les stéréotypes et réduire le risque de maltraitance des personnes âgées. La société devrait valoriser et célébrer les contributions des personnes âgées et défendre leurs droits.

La prévention de la maltraitance des personnes âgées nécessite une approche multidimensionnelle qui implique la sensibilisation et l'éducation, la compréhension des facteurs de risque et de protection, la mise en œuvre d'interventions au niveau communautaire et politique, et la reconnaissance des responsabilités individuelles et sociétales. En augmentant la sensibilisation, en promouvant l'éducation, en abordant les facteurs de risque, en renforçant les facteurs de protection et en mettant en œuvre des interventions au niveau communautaire et politique, nous pouvons créer une société qui respecte, protège et soutient les personnes âgées. La prévention de la maltraitance des personnes âgées n'est pas seulement un impératif moral, mais aussi une étape nécessaire pour garantir le bien-être et la dignité des personnes âgées à mesure qu'elles vieillissent.

Promouvoir la Sensibilisation et l'Éducation sur la Maltraitance des Personnes Âgées

Promouvoir la sensibilisation et l'éducation sur la maltraitance des personnes âgées est une étape cruciale pour prévenir et traiter ce problème prévalent. Dans ce chapitre, nous explorerons l'importance de la sensibilisation et de l'éducation, discuterons des principales parties prenantes impliquées, examinerons les stratégies efficaces pour promouvoir la sensibilisation, et mettrons l'accent sur l'importance de l'éducation pour habiliter les individus et les communautés à prévenir la maltraitance des personnes âgées. En comprenant et en mettant en œuvre ces approches, nous pouvons créer une société qui reconnaît et agit activement contre la maltraitance des personnes âgées.

L'Importance de la Sensibilisation et de l'Éducation

La sensibilisation et l'éducation jouent un rôle fondamental dans la prévention de la maltraitance des personnes âgées. Elles servent plusieurs objectifs :

Reconnaissance de la Maltraitance des Personnes Âgées

- De nombreux cas de maltraitance des personnes âgées passent inaperçus en raison de divers facteurs, notamment le manque de sensibilisation. En promouvant la sensibilisation, les individus peuvent identifier les signes et les types de maltraitance, augmentant ainsi les chances de détection précoce et d'intervention.

Habilitation des Personnes Âgées

- La sensibilisation et l'éducation habilitent les personnes âgées en les informant sur leurs droits, en les aidant à reconnaître les situations abusives, et en leur fournissant des connaissances et des ressources pour se protéger. Cette habilitation permet aux personnes âgées de prendre des mesures proactives pour prévenir la maltraitance et chercher de l'aide en cas de besoin.

Remise en Question des Stéréotypes et de la Stigmatisation

- Les efforts de sensibilisation peuvent remettre en question les stéréotypes liés à l'âge et réduire la stigmatisation associée à la maltraitance des personnes âgées. En promouvant une culture qui respecte et valorise les personnes âgées, nous créons un environnement où la maltraitance est moins susceptible de se produire et plus susceptible d'être signalée.

Encouragement à Signaler

- Accroître la sensibilisation aux mécanismes de signalement et créer un environnement de soutien encourage les individus à signaler les cas suspects de maltraitance des personnes âgées. Une augmentation des signalements conduit à une intervention rapide, à la protection des victimes et à la responsabilisation des auteurs.

Les Parties Prenantes Impliquées dans la Promotion de la Sensibilisation et de l'Éducation

Promouvoir la sensibilisation et l'éducation sur la maltraitance des personnes âgées nécessite une collaboration entre différentes parties prenantes :

Organisations Gouvernementales et à But Non Lucratif

- Les agences gouvernementales, telles que les départements du vieillissement ou des services sociaux, et les organisations à but non lucratif axées sur les droits et le bien-être des personnes âgées, jouent un rôle vital dans le lancement de campagnes de sensibilisation, la fourniture de ressources éducatives et la coordination des efforts de prévention.

Professionnels de la Santé

- Les prestataires de soins de santé, notamment les médecins, les infirmières et les travailleurs sociaux, sont souvent en première ligne pour identifier et traiter la maltraitance des personnes âgées. Ils peuvent intégrer des dépistages de la maltraitance des personnes âgées dans les évaluations de routine, fournir des informations et des ressources aux patients, et promouvoir la sensibilisation au sein de leurs réseaux professionnels.

Organisations Communautaires et Basées sur la Foi

- Les organisations communautaires, telles que les centres pour personnes âgées, les groupes confessionnels et les clubs sociaux, peuvent faciliter des programmes de sensibilisation, des ateliers et des groupes de soutien au sein des communautés locales. Ces organisations ont souvent des relations établies avec les personnes âgées et peuvent diffuser efficacement des informations.

Forces de l'Ordre et Professionnels du Droit

- Les agences de maintien de l'ordre et les professionnels du droit sont des parties prenantes clés dans la promotion de la sensibilisation et de l'éducation sur la maltraitance des personnes âgées. Ils peuvent fournir une formation au personnel, élaborer des protocoles pour répondre aux cas de maltraitance, et plaider en faveur de protections juridiques pour les personnes âgées.

Stratégies pour Promouvoir la Sensibilisation : Campagnes de Sensibilisation Publique

Lancement de campagnes de sensibilisation publique à travers divers canaux médiatiques, notamment la télévision, la radio, la presse écrite et les plateformes de médias sociaux. Ces campagnes devraient mettre en avant les signes, les types et les conséquences de la maltraitance des personnes âgées, ainsi que les services de soutien disponibles et les mécanismes de signalement.

Ateliers Éducatifs et Séminaires

- Organiser des ateliers éducatifs et des séminaires pour les personnes âgées, leurs familles, les aidants et les professionnels de la santé, des services sociaux et des forces de l'ordre. Ces sessions peuvent aborder des sujets tels que la reconnaissance de la maltraitance, la compréhension des droits et des ressources, et la promotion de stratégies de prévention.

Programmes de Formation pour les Professionnels

- Fournir des programmes de formation spécialisés pour les professionnels qui travaillent avec les personnes âgées, tels que les prestataires de soins de santé, les travailleurs sociaux et les aidants. Ces programmes devraient se concentrer sur l'identification et la prise en charge de la maltraitance des personnes âgées, la compétence culturelle, les considérations éthiques et les stratégies d'intervention.

Collaboration et Partenariats

- Collaborer avec diverses parties prenantes, notamment les agences gouvernementales, les organisations à but non lucratif et les groupes communautaires, pour mutualiser les ressources, partager des informations et développer des campagnes de sensibilisation complètes. En travaillant ensemble, les parties prenantes peuvent toucher un public plus large et maximiser l'impact de leurs efforts.

Matériel et Ressources Éducatives

- Élaborer et diffuser des documents éducatifs, tels que des brochures, des dépliants, des affiches et des ressources en ligne, fournissant des informations claires sur la maltraitance des personnes âgées, les stratégies de prévention et les services de soutien disponibles. Ces documents doivent être accessibles, culturellement appropriés et disponibles dans plusieurs langues.

L'Importance de l'Éducation

L'éducation joue un rôle crucial dans la prévention de la maltraitance des personnes âgées :

Habilitation des Individus

- L'éducation habilite les individus en leur fournissant des connaissances sur la maltraitance des personnes âgées, y compris ses signes, ses facteurs de risque et ses stratégies de prévention. Avec ces connaissances, les individus peuvent reconnaître et réagir de manière efficace aux situations abusives.

Favoriser une Culture de Respect

- L'éducation favorise une culture de respect envers les personnes âgées en remettant en question les stéréotypes liés à l'âge, en promouvant des attitudes positives envers le vieillissement et en mettant l'accent sur la valeur et la dignité des personnes âgées. Ce changement culturel réduit la probabilité de maltraitance des personnes âgées et crée un environnement où la maltraitance n'est pas tolérée.

Encourager la Prise de Décisions Éthiques

- L'éducation sur les considérations éthiques liées à la maltraitance des personnes âgées dote les individus des outils nécessaires pour prendre des décisions éclairées et prendre des mesures appropriées lorsqu'ils sont confrontés à une possible maltraitance. Elle souligne l'importance de protéger les droits et le bien-être des personnes âgées.

Renforcement des Réseaux de Soutien

- L'éducation favorise le renforcement des réseaux de soutien en fournissant des informations sur les ressources disponibles, les services de soutien et les mécanismes de signalement. Les individus deviennent conscients de où chercher de l'aide et comment soutenir les personnes âgées qui pourraient être en danger.

Promouvoir la sensibilisation et l'éducation sur la maltraitance des personnes âgées est un élément essentiel des efforts de prévention. En sensibilisant, en habilitant les individus, en remettant en question les stéréotypes et en favorisant une culture de respect, nous créons un environnement où la maltraitance des personnes âgées est moins susceptible de se produire et plus susceptible d'être signalée. La collaboration entre les parties prenantes, les campagnes de sensibilisation publique, les ateliers éducatifs et la diffusion de ressources sont des stratégies clés pour renforcer la sensibilisation et l'éducation. L'éducation habilite les individus, favorise la prise de décisions éthiques et renforce les réseaux de soutien. Grâce à ces efforts, nous pouvons construire une société qui reconnaît et prévient la maltraitance des personnes âgées, garantissant la sécurité, le bien-être et la dignité des personnes âgées.

Renforcer les Réseaux de Soutien et les Ressources dans la Prévention de la Maltraitance des Personnes Âgées

Renforcer les réseaux de soutien et les ressources est essentiel pour prévenir et traiter efficacement la maltraitance des personnes âgées. Dans ce chapitre, nous explorerons l'importance des réseaux de soutien, discuterons des principaux composants d'un système de soutien solide, examinerons le rôle des organisations communautaires et des services, et mettrons l'accent sur l'importance de ressources accessibles et complètes. En comprenant et en améliorant les réseaux de soutien et les ressources, nous pouvons créer un environnement favorable aux personnes âgées et prévenir efficacement la maltraitance des personnes âgées.

L'Importance des Réseaux de Soutien

Les réseaux de soutien constituent un filet de sécurité essentiel pour les personnes âgées et jouent un rôle crucial dans la prévention de la maltraitance des personnes âgées. Ils offrent un soutien émotionnel, une assistance et des ressources qui peuvent aider les personnes âgées à maintenir leur bien-être, leur résilience et leur indépendance. L'importance des réseaux de soutien comprend :

Connection Sociale et Engagement

Les réseaux de soutien offrent des opportunités d'interaction sociale, de compagnie et d'engagement avec les pairs, les membres de la famille et les organisations communautaires. Les connexions sociales réduisent l'isolement social, qui est un facteur de risque de la maltraitance des personnes âgées, et favorisent le bien-être général.

Détection Précoce et Intervention

Les réseaux de soutien augmentent la probabilité de détection précoce et d'intervention dans les cas de maltraitance des personnes âgées. Les personnes de confiance au sein du réseau peuvent observer des signes de maltraitance ou des changements de comportement, ce qui conduit à un signalement rapide et à une intervention appropriée pour protéger la personne âgée.

Partage d'Information et de Ressources

Les réseaux de soutien offrent une plate-forme pour partager des informations, des ressources et des connaissances sur la prévention de la maltraitance des personnes âgées, les services disponibles et les mécanismes de signalement. Cet échange d'informations équipe les membres du réseau des outils nécessaires pour reconnaître et réagir efficacement à la maltraitance des personnes âgées.

Plaidoyer et Autonomisation

Les réseaux de soutien plaident en faveur des droits, de la dignité et du bien-être des personnes âgées. Ils permettent aux personnes âgées d'affirmer leurs droits, de prendre des décisions éclairées et de rechercher de l'aide en cas de besoin. Le plaidoyer au sein des réseaux de soutien contribue à remettre en question les attitudes âgistes et les normes sociales qui perpétuent la maltraitance des personnes âgées.

Composants d'un Système de Soutien Solide

Un système de soutien solide comprend divers composants qui travaillent ensemble pour prévenir la maltraitance des personnes âgées et soutenir les personnes âgées :

Organisations Communautaires

Les organisations communautaires, telles que les centres pour personnes âgées, les groupes confessionnels et les organisations locales à but non lucratif, proposent une gamme de services et d'activités qui favorisent la connexion sociale, offrent des programmes éducatifs et promeuvent le bien-être des personnes âgées. Elles servent de centres pour le réseautage, le soutien et la diffusion de ressources.

Lignes d'Assistance et Numéros d'Urgence

Les lignes d'assistance et les numéros d'urgence offrent un soutien confidentiel et accessible aux personnes âgées, aux aidants et aux individus préoccupés. Des professionnels formés fournissent des informations, une intervention en cas de crise, un soutien émotionnel et des conseils sur le signalement de la maltraitance des personnes âgées.

Groupes de Soutien

Les groupes de soutien réunissent des personnes partageant des expériences ou des défis similaires liés au vieillissement ou à l'aide aux personnes âgées. Ces groupes offrent une plate-forme de soutien mutuel, de partage de stratégies de coping et d'autonomisation. Les groupes de soutien peuvent être spécialisés, se concentrant sur des sujets tels que la prévention de la maltraitance des personnes âgées ou le soutien aux aidants.

Coordination des Soins et Gestion de Cas

Les services de coordination des soins et de

gestion de cas aident les personnes âgées à naviguer dans la complexité de l'accès et de la coordination des soins de santé, des services sociaux et des systèmes de soutien. Ces services veillent à ce que les personnes âgées reçoivent des soins appropriés et coordonnés, adaptés à leurs besoins spécifiques.

Services d'Aide Juridique et de Plaidoyer

Les services d'aide juridique fournissent aux personnes âgées une représentation juridique, des conseils et de l'assistance pour naviguer dans les processus juridiques liés à la maltraitance des personnes âgées. Les services de plaidoyer travaillent pour protéger les droits et les intérêts des personnes âgées, en veillant à ce que leur voix soit entendue et respectée.

Ressources Accessibles et Complètes

Des ressources accessibles et complètes sont cruciales pour soutenir les personnes âgées et prévenir la maltraitance des personnes âgées :

Documents Informatifs

Fournir des documents informatifs, tels que des brochures, des fiches d'information et des sites web, qui éduquent les personnes âgées, les aidants et le grand public sur la maltraitance des personnes âgées, les stratégies de prévention, les services de soutien disponibles et les mécanismes de signalement. Ces documents doivent être culturellement sensibles, disponibles dans plusieurs langues et facilement accessibles.

Programmes de Formation et Ateliers Éducatifs

Développer des programmes de formation et des ateliers qui éduquent les professionnels, les aidants et les membres de la communauté sur la reconnaissance et la réponse à la maltraitance des personnes âgées. Ces programmes devraient couvrir des sujets tels que l'identification de la maltraitance, les considérations éthiques et les stratégies d'intervention.

Programmes d'Aide Financière

Proposer des programmes d'aide financière qui peuvent aider les personnes âgées à se remettre de l'exploitation financière ou de la maltraitance. Ces programmes peuvent inclure un remboursement des biens volés, une aide aux frais juridiques ou des services de conseil financier.

Collaboration avec les Prestataires de Services

Collaborer avec les prestataires de soins de santé, les agences de services sociaux, les forces de l'ordre, les professionnels du droit et d'autres prestataires de services pour garantir une approche coordonnée et intégrée dans le soutien aux personnes âgées. Cette collaboration garantit que les personnes âgées ont accès à des services complets qui répondent à leurs besoins physiques, émotionnels et sociaux.

Le renforcement des réseaux de soutien et des ressources est essentiel pour prévenir la maltraitance des personnes âgées et promouvoir le bien-être des personnes âgées. Les réseaux de soutien offrent la connexion sociale, la détection précoce, le partage d'informations et le plaidoyer. Un système de soutien solide comprend des organisations communautaires, des lignes d'assistance, des groupes de soutien, une coordination des soins et des services d'aide juridique. Des ressources accessibles et complètes, notamment des documents informatifs, des programmes de formation, une aide financière et une collaboration avec les prestataires de services, renforcent l'efficacité des réseaux de soutien. En renforçant les réseaux de soutien et en fournissant des ressources accessibles, nous pouvons créer une société qui soutient et protège les personnes âgées, garantissant leur sécurité, leur bien-être et leur dignité.

Chapitre 7
Donner du pouvoir aux personnes âgées

Donner du pouvoir aux personnes âgées est un aspect crucial de la prévention de la maltraitance des aînés et de la promotion de leur bien-être général et de leur indépendance. Dans ce chapitre, nous explorerons l'importance de l'autonomisation, discuterons des éléments clés de l'autonomisation des personnes âgées, examinerons des stratégies pour renforcer l'autonomisation et mettrons en évidence le rôle des individus, des communautés et de la société dans la promotion de l'autonomisation. En comprenant et en favorisant l'autonomisation, nous pouvons créer un environnement où les personnes âgées sont respectées, soutenues et capables de vivre avec dignité.

L'importance de l'autonomisation

L'autonomisation consiste à permettre aux personnes âgées de faire valoir leurs droits, de prendre des décisions éclairées et de participer activement à leur propre prise en charge et aux décisions qui affectent leur vie. L'autonomisation des personnes âgées revêt une importance cruciale pour plusieurs raisons :

Prévention de la maltraitance des aînés

Les personnes âgées autonomisées sont mieux préparées pour reconnaître et résister aux situations abusives. Elles ont la confiance, la connaissance et la capacité d'affirmer leurs limites, de demander de l'aide en cas de besoin et de prévenir les abus.

Améliorer le bien-être et la qualité de vie

L'autonomisation contribue au bien-être général et à la qualité de vie des personnes âgées. Elle favorise l'estime de soi, l'efficacité personnelle et un sentiment de contrôle sur sa propre vie, ce qui entraîne une amélioration de la santé mentale, du bien-être physique et de la satisfaction de vivre.

Promouvoir l'autonomie et l'autodétermination

L'autonomisation respecte l'autonomie et l'autodétermination des personnes âgées. Elle reconnaît leur droit de prendre des décisions concernant leur propre vie, y compris les choix en matière de soins de santé, de questions financières et d'arrangements de vie.

Lutter contre l'âgisme

Donner du pouvoir aux personnes âgées remet en question les stéréotypes âgistes et les normes sociétales qui perpétuent la discrimination et la marginalisation. Elle promeut une culture qui valorise et respecte les contributions, les expériences et la sagesse des personnes âgées.

Éléments clés de l'autonomisation des personnes âgées

Donner du pouvoir aux personnes âgées implique de traiter plusieurs éléments clés :

Information et éducation

Fournir aux personnes âgées des informations sur leurs droits, les ressources disponibles et les services de soutien est essentiel. L'éducation sur des sujets tels que la prévention de la maltraitance des personnes âgées, la littératie financière, les options en matière de soins de santé et les droits légaux équipe les personnes âgées des connaissances nécessaires pour prendre des décisions éclairées et agir lorsque c'est nécessaire.

Autonomie dans la prise de décision

Reconnaître et respecter l'autonomie des personnes âgées dans les processus de prise de décision est crucial. Les personnes âgées devraient être activement impliquées dans les décisions liées à leurs soins, leurs finances, leurs arrangements de vie et leur bien-être général. Leurs préférences, leurs valeurs et leurs objectifs devraient être pris en compte et respectés.

Développement des compétences et des capacités

Renforcer les compétences et les capacités des personnes âgées leur permet de faire face aux défis, d'accéder aux services de soutien et de défendre leurs droits. Le renforcement des compétences peut inclure la gestion financière, la littératie technologique, l'autopromotion et les compétences en communication.

Connexion sociale et soutien

Favoriser les connexions sociales et les réseaux de soutien est vital pour l'autonomisation des personnes âgées. Participer à des activités sociales, rejoindre des groupes communautaires et maintenir des relations avec la famille et les amis offre aux personnes âgées un sentiment d'appartenance, de soutien et des opportunités d'engagement.

Stratégies pour renforcer l'autonomisation

Promouvoir l'éducation et l'apprentissage tout au long de la vie : Encourager les initiatives d'apprentissage tout au long de la vie, telles que les programmes d'éducation continue, les cours communautaires et les cours en ligne, assure que les personnes âgées ont accès à des opportunités éducatives qui soutiennent leur croissance personnelle et leur autonomisation.

Encourager la participation active

Encourager les personnes âgées à participer activement aux processus de prise de décision liés à leurs soins, leur logement, leurs finances et leurs activités communautaires. Cela peut être réalisé en créant des environnements inclusifs, en offrant des opportunités de participation et en valorisant leurs perspectives et leurs expériences.

Fournir des informations et des ressources accessibles

Veiller à ce que les informations et les ressources soient facilement accessibles, disponibles dans plusieurs formats et langues, et adaptées aux besoins diversifiés des personnes âgées. Cela comprend la fourniture d'instructions claires, la simplification des informations complexes et l'utilisation de technologies conviviales.

Offrir des services de soutien

Fournir une gamme de services de soutien, tels que des conseils, une aide juridique, une aide financière et une navigation dans le système de santé, qui répondent aux besoins uniques des personnes âgées. Ces services permettent aux personnes âgées d'accéder au soutien dont elles ont besoin et de prendre des décisions éclairées.

Collaboration et partenariat

Collaborer avec des organisations communautaires, des prestataires de services et les personnes âgées elles-mêmes pour élaborer et mettre en œuvre des programmes d'autonomisation. Impliquer les personnes âgées en tant que partenaires actifs dans la planification et la prestation de services garantit que leurs voix sont entendues et que leurs perspectives sont prises en compte.

Le rôle des individus, des communautés et de la société

Les individus, les communautés et la société dans son ensemble ont un rôle crucial à jouer dans l'autonomisation des personnes âgées.

Individus

Les personnes âgées elles-mêmes peuvent prendre des mesures pour s'autonomiser en cherchant des informations, en affirmant leurs droits, en pratiquant l'autopromotion et en participant activement aux processus de prise de décision. Elles peuvent également contribuer à l'autonomisation des autres en partageant leurs expériences, en mentorant et en soutenant leurs pairs plus âgés.

Communautés

Les communautés peuvent créer des environnements inclusifs qui valorisent et respectent les personnes âgées. Elles peuvent faciliter les opportunités de connexion sociale, fournir des ressources et des services accessibles, et promouvoir des activités intergénérationnelles qui favorisent le respect mutuel et la compréhension.

Société

La société dans son ensemble devrait remettre en question l'âgisme et les pratiques discriminatoires qui sapent l'autonomisation des personnes âgées. Cela inclut la défense de changements de politique qui protègent les droits des personnes âgées, la promotion de représentations positives du vieillissement dans les médias et la culture populaire, et la promotion de la solidarité intergénérationnelle.

L'autonomisation des personnes âgées est essentielle pour prévenir la maltraitance des aînés, promouvoir le bien-être et lutter contre l'âgisme. En abordant des éléments clés tels que l'information et l'éducation, l'autonomie dans la prise de décision, le renforcement des compétences et la connexion sociale, nous pouvons renforcer l'autonomisation des

personnes âgées. Les stratégies visant à renforcer l'autonomisation comprennent la promotion de l'éducation, l'encouragement de la participation active, la fourniture de ressources accessibles, l'offre de services de soutien et la promotion de la collaboration et du partenariat. Les individus, les communautés et la société dans son ensemble ont un rôle vital à jouer dans l'autonomisation des personnes âgées et dans la création d'une société qui valorise et respecte leurs droits, leurs expériences et leurs contributions.

Encourager l'autodéfense et l'indépendance

Encourager l'autodéfense et l'indépendance chez les personnes âgées est essentiel pour promouvoir leur autonomisation, leur bien-être et les protéger contre la maltraitance des aînés. Dans ce chapitre, nous explorerons l'importance de l'autodéfense et de l'indépendance, discuterons des avantages de favoriser ces qualités chez les personnes âgées, examinerons des stratégies pour encourager l'autodéfense et l'indépendance, et mettrons en évidence le rôle des individus, des communautés et de la société dans le soutien aux personnes âgées dans ces efforts. En comprenant et en promouvant l'autodéfense et l'indépendance, nous pouvons créer un environnement où les personnes âgées sont habilitées à prendre des décisions, à revendiquer leurs droits et à vivre avec dignité.

L'importance de l'autodéfense et de l'indépendance

L'autodéfense fait référence à la capacité des personnes âgées à exprimer leurs besoins, à revendiquer leurs droits et à prendre des décisions éclairées concernant leur vie. L'indépendance, quant à elle, implique que les personnes âgées aient le contrôle de leurs activités quotidiennes, maintiennent leur autonomie et prennent des décisions conformes à leurs préférences et à leurs valeurs. Encourager l'autodéfense et l'indépendance chez les personnes âgées revêt une grande importance pour plusieurs raisons :

Autonomisation

L'autodéfense et l'indépendance autonomisent les personnes âgées en leur donnant une voix dans les décisions qui affectent leur vie. Cela leur permet de participer activement à leur propre prise en charge, d'exprimer leurs préférences et de prendre le contrôle de leur bien-être.

Protection contre la maltraitance

Les personnes âgées qui peuvent plaider leur propre cause et revendiquer leurs droits sont moins vulnérables à la maltraitance. Elles peuvent reconnaître et résister aux situations abusives, demander de l'aide en cas de besoin et prévenir l'exploitation ou la négligence.

Amélioration de la qualité de vie

Encourager l'autodéfense et l'indépendance améliore la qualité de vie des personnes âgées en favorisant un sentiment d'autonomie, de but et d'estime de soi. Cela leur permet de maintenir leur dignité, de s'engager dans des activités qu'elles apprécient et de vivre conformément à leurs propres valeurs et croyances.

Engagement actif

L'autodéfense et l'indépendance encouragent les personnes âgées à rester activement engagées dans la société. Cela favorise la connexion sociale, encourage les relations intergénérationnelles et contribue au bien-être général tant de l'individu que de la communauté.

Stratégies pour encourager l'autodéfense et l'indépendance : Éducation et information

Fournir aux personnes âgées une éducation et des informations sur leurs droits, les ressources disponibles et les services de soutien est essentiel pour les habiliter à plaider leur propre cause. Des ateliers, des séminaires et des documents d'information peuvent fournir aux personnes âgées les connaissances nécessaires pour prendre des décisions éclairées et revendiquer leurs droits.

Développement de compétences

Offrir des opportunités de développement de compétences qui renforcent les capacités des personnes âgées à communiquer efficacement, à négocier et à plaider pour leurs besoins et leurs préférences. Les ateliers de développement de compétences peuvent se concentrer sur les techniques de communication efficace, les stratégies de résolution de problèmes et les compétences de prise de décision.

Encourager l'autonomie dans la prise de décision

Reconnaître et respecter l'autonomie des personnes âgées dans les processus de prise de décision liés à leurs soins, à leurs arrangements de vie, à leurs finances et à leur bien-être général.

Fournir un soutien et des conseils tout en permettant aux personnes âgées de prendre les devants dans la prise de décision favorise leur confiance en elles et leur indépendance.

Créer des environnements favorables

Créer des environnements qui soutiennent l'autodéfense et l'indépendance en favorisant une culture du respect, de l'écoute active et de l'inclusion. Les prestataires de soins de santé, les agences de services sociaux et les organisations communautaires peuvent adopter des approches centrées sur la personne qui priorisent les choix et les préférences des personnes âgées.

Soutien entre pairs et mentorat

Faciliter les groupes de soutien entre pairs et les programmes de mentorat où les personnes âgées peuvent partager leurs expériences, offrir des conseils et se soutenir mutuellement dans leur démarche vers l'autodéfense et l'indépendance. Le soutien entre pairs offre un sentiment d'appartenance, de validation et d'encouragement.

Le rôle des individus, des communautés et de la société

Les individus, les communautés et la société jouent des rôles significatifs dans l'encouragement de l'autodéfense et de l'indépendance chez les personnes âgées.

Individus

Les personnes âgées peuvent prendre des mesures actives pour développer leurs compétences en autodéfense et revendiquer leur indépendance. Elles peuvent rechercher des informations, poser des questions, exprimer leurs préférences et participer aux processus de prise de décision. Les personnes âgées peuvent également servir de modèles pour les autres, les inspirant à plaider leur propre cause.

Communautés

Les communautés peuvent créer des environnements de soutien qui encouragent l'autodéfense et l'indépendance chez les personnes âgées. Cela peut être réalisé grâce à des programmes éducatifs, des initiatives communautaires et des politiques qui favorisent le vieillissement actif, le respect des choix individuels et l'intégration intergénérationnelle.

Société

La société dans son ensemble devrait remettre en question les attitudes âgistes et les pratiques discriminatoires qui sapent l'autodéfense et l'indépendance des personnes âgées

Cela comprend la promotion de politiques favorables aux personnes âgées, la suppression des obstacles à la participation et la valorisation des contributions et des expériences des personnes âgées.

Encourager l'autodéfense et l'indépendance chez les personnes âgées est essentiel pour leur autonomisation, leur bien-être et leur protection contre la maltraitance des aînés. L'autodéfense permet aux personnes âgées de revendiquer leurs droits, de prendre des décisions éclairées et de participer activement à leur propre prise en charge. L'indépendance permet aux personnes âgées de maintenir le contrôle de leur vie, de s'engager dans des activités qu'elles apprécient et de vivre conformément à leurs préférences et à leurs valeurs. En fournissant une éducation, des opportunités de développement de compétences et des environnements de soutien, nous pouvons encourager les personnes âgées à plaider leur propre cause et à revendiquer leur indépendance. La participation active des individus, des communautés et de la société est essentielle pour favoriser l'autodéfense et l'indépendance, créant ainsi une société qui respecte et soutient les droits et les choix des personnes âgées.

Renforcement des connexions sociales et de l'engagement Le renforcement des connexions sociales et de l'engagement chez les personnes âgées est essentiel pour promouvoir leur bien-être, prévenir l'isolement social et réduire le risque de maltraitance des aînés. Dans ce chapitre, nous explorerons l'importance des connexions sociales et de l'engagement, discuterons des avantages de favoriser ces aspects chez les personnes âgées, examinerons des stratégies pour renforcer les connexions sociales et l'engagement, et mettrons en évidence le rôle des individus, des communautés et de la société dans le soutien aux personnes âgées dans cette démarche. En comprenant et en promouvant les connexions sociales et l'engagement, nous pouvons créer une société qui valorise le bien-être social des personnes âgées.

L'importance des connexions sociales et de l'engagement

Les connexions sociales et l'engagement jouent un rôle central dans la vie des personnes âgées.

Bien-être et santé mentale

Les connexions sociales offrent un soutien émotionnel, un sentiment d'appartenance et des opportunités d'interaction sociale, ce qui contribue au bien-être général et à des résultats positifs en santé mentale. Participer à des activités sociales et entretenir des relations significatives peut réduire le risque de dépression, d'anxiété et de déclin cognitif.

Prévention de l'isolement social

Les connexions sociales et l'engagement sont de puissants antidotes à l'isolement social. En favorisant les liens avec la famille, les amis et les membres de la communauté, les personnes âgées sont moins susceptibles de ressentir de la solitude, facteur de risque de maltraitance des aînés.

Stimulation cognitive

L'engagement social peut fournir une stimulation cognitive grâce aux conversations, aux discussions et à la participation à des activités de groupe. Les interactions sociales régulières peuvent aider à maintenir la fonction cognitive, la mémoire et la santé cérébrale globale chez les personnes âgées.

Santé physique

Les connexions sociales et l'engagement ont été liés à de meilleurs résultats en matière de santé physique. Participer à des activités sociales peut encourager un mode de vie actif, favoriser l'exercice régulier et motiver le maintien de comportements sains.

Avantages de favoriser les connexions sociales et l'engagement

Favoriser les connexions sociales et l'engagement parmi les personnes âgées offre de nombreux avantages.

Sentiment d'appartenance

Les connexions sociales offrent aux personnes âgées un sentiment d'appartenance à une communauté, favorisant un sentiment de connexion et de soutien. Cela peut améliorer leur satisfaction générale de la vie et leur estime de soi.

Soutien émotionnel

Les connexions sociales offrent un soutien émotionnel en période difficile. Avoir un réseau de personnes de confiance vers lesquelles se tourner pour des conseils, de l'empathie et de la compagnie peut aider les personnes âgées à traverser les transitions de la vie, à faire face au stress et à atténuer l'impact des événements adverses.

Opportunités d'apprentissage et de croissance

L'engagement social offre aux personnes âgées des opportunités d'apprendre de nouvelles compétences, d'acquérir des connaissances et de s'engager dans des activités intellectuelles. La participation à des activités communautaires, des cours et des groupes d'intérêt peut favoriser la croissance personnelle, encourager l'apprentissage tout au long de la vie et améliorer les capacités cognitives.

Relations significatives

Les connexions sociales peuvent conduire au développement de relations et d'amitiés significatives. Ces relations offrent un sentiment de camaraderie, d'expériences partagées et de soutien mutuel, favorisant un sentiment de but et d'épanouissement.

Stratégies pour renforcer les connexions sociales et l'engagement

Programmes et activités communautaires : Créer et promouvoir des programmes et des activités communautaires adaptés aux intérêts et aux besoins des personnes âgées. Cela peut inclure des clubs sociaux, des cours récréatifs, des groupes d'arts et d'artisanat, des opportunités de bénévolat et des programmes intergénérationnels.

Interaction intergénérationnelle

Encourager l'interaction intergénérationnelle et des activités qui favorisent les liens entre les personnes âgées et les générations plus jeunes. Cela peut être réalisé grâce à des programmes de mentorat, des expériences d'apprentissage partagées ou des projets communautaires collaboratifs.

Options de logement de soutien

Développer des options de logement de soutien qui facilitent l'interaction sociale entre les personnes âgées. Cela peut inclure des arrangements de vie en communauté, des espaces communs partagés et des activités sociales organisées au sein de communautés résidentielles.

Technologie et connectivité numérique

Promouvoir l'utilisation de la technologie et de la connectivité numérique pour faciliter les connexions sociales. Les personnes âgées peuvent utiliser les plateformes de médias sociaux, les outils de visioconférence et les communautés en ligne pour rester en contact avec leur famille et leurs amis, participer à des groupes d'intérêt virtuels et accéder à des ressources informatives.

Groupes de soutien entre pairs

Faciliter des groupes de soutien entre pairs axés sur des intérêtsspécifiques, des transitions de vie ou des expériences communes. Ces groupes offrent des opportunités aux personnes âgées de partager leurs idées, d'offrir un soutien émotionnel et d'apprendre les unes des autres.

Le rôle des individus, des communautés et de la société

Les individus, les communautés et la société dans son ensemble ont des rôles importants dans le renforcement des connexions sociales et de l'engagement chez les personnes âgées.

Individus

Les personnes âgées peuvent prendre l'initiative de participer à des activités communautaires, de s'engager dans des événements sociaux et de cultiver de nouvelles relations. En tendant activement la main aux autres, en participant à des rassemblements sociaux et en maintenant le contact avec la famille et les amis, elles peuvent favoriser les connexions sociales et l'engagement.

Communautés

Les communautés peuvent créer des environnements inclusifs et favorables à l'âge qui encouragent les connexions sociales et l'engagement. Cela comprend l'organisation d'événements communautaires, la mise à disposition d'options de transport accessibles et la facilitation d'opportunités d'interaction intergénérationnelle.

Société

La société dans son ensemble devrait valoriser et prioriser les connexions sociales chez les personnes âgées. Cela inclut la sensibilisation à l'importance de l'engagement social, la lutte contre l'âgisme et la mise en œuvre de politiques soutenant les programmes et les activités communautaires pour les personnes âgées.

Le renforcement des connexions sociales et de l'engagement est essentiel pour le bien-être et l'inclusion sociale des personnes âgées. Les connexions sociales offrent un soutien émotionnel, préviennent l'isolement social et contribuent à la santé cognitive et physique. En favorisant les connexions sociales et l'engagement, les personnes âgées peuvent ressentir un sentiment d'appartenance, de bien-être émotionnel et des opportunités de croissance. Des stratégies telles que les programmes communautaires, l'interaction intergénérationnelle, l'utilisation de la technologie et les groupes de soutien entre pairs peuvent renforcer les connexions sociales et l'engagement chez les personnes âgées. Il incombe à l'ensemble des individus, des communautés et de la société de valoriser et de soutenir les connexions sociales, créant ainsi une société qui reconnaît et favorise le bien-être social des personnes âgées.

CHAPITRE 8
Bâtir un Avenir Plus Sûr

Bâtir un avenir plus sûr pour les personnes âgées implique de prendre des mesures proactives pour prévenir la maltraitance des personnes âgées, créer des environnements de soutien et assurer le bien-être et la dignité des personnes âgées. Dans ce chapitre, nous explorerons l'importance de bâtir un avenir plus sûr, discuterons des principaux éléments de la création d'un environnement sûr, examinerons les stratégies pour prévenir la maltraitance des personnes âgées, et mettrons en avant le rôle des individus, des communautés et de la société dans la protection des personnes âgées. En comprenant et en mettant en œuvre ces stratégies, nous pouvons œuvrer en faveur d'un avenir où les personnes âgées sont protégées contre la maltraitance et peuvent vieillir en toute sécurité et en toute sérénité.

L'Importance de Bâtir un Avenir Plus Sûr

Bâtir un avenir plus sûr pour les personnes âgées est crucial pour plusieurs raisons

Protection contre la Maltraitance

La maltraitance des personnes âgées est un problème grave qui affecte le bien-être et les droits des personnes âgées. En bâtissant un avenir plus sûr, nous pouvons créer un environnement où la maltraitance est prévenue, détectée et traitée efficacement. Cela garantit la sécurité physique, émotionnelle et financière des personnes âgées.

Promotion de la Dignité et du Bien-Être

Un avenir plus sûr priorise la dignité et le bien-être des personnes âgées. Il reconnaît leurs droits, respecte leur autonomie et offre des environnements de soutien où elles peuvent vieillir en toute indépendance, avec respect et qualité de vie.

Prévention de l'Isolation Sociale

Bâtir un avenir plus sûr implique la création de communautés qui favorisent les connexions sociales, l'engagement et l'inclusion. En abordant l'isolement social, nous réduisons la vulnérabilité des personnes âgées à la maltraitance et à la négligence, car les connexions sociales servent de facteurs protecteurs.

Cultivation d'Environnements Favorables aux Personnes Âgées

Un avenir plus sûr implique le développement d'environnements favorables aux personnes âgées qui répondent aux besoins uniques des personnes âgées. Cela comprend des infrastructures accessibles, des options de logement appropriées et des systèmes de santé qui soutiennent le bien-être physique et émotionnel des personnes âgées.

Principaux Éléments de la Création d'un Environnement Sûr

La création d'un environnement sûr pour les personnes âgées implique plusieurs éléments clés.

Sensibilisation et Éducation

Sensibiliser à la maltraitance des personnes âgées, à ses signes et à l'importance de la prévention. Éduquer les individus, les familles,

les aidants et les professionnels sur leurs rôles et responsabilités dans la protection des personnes âgées est essentiel.

Politiques de Soutien et Législation

Mise en place de politiques et de législations protégeant les droits des personnes âgées, abordant la maltraitance des personnes âgées et établissant des mécanismes de signalement. Ces politiques devraient se concentrer sur la prévention, l'intervention et la responsabilisation des auteurs.

Efforts Collaboratifs

Encourager la collaboration entre les individus, les organisations communautaires, les prestataires de soins de santé, les services sociaux, les forces de l'ordre et les professionnels du droit. En travaillant ensemble, les parties prenantes peuvent partager des informations, des ressources et leur expertise pour prévenir la maltraitance des personnes âgées et soutenir les victimes.

Formation et Renforcement des Capacités

Offrir des programmes de formation aux professionnels, aux aidants et aux bénévoles sur la reconnaissance et la réponse à la maltraitance des personnes âgées. Cela inclut le renforcement des compétences en communication, en documentation et en stratégies d'intervention pour assurer un soutien efficace aux personnes âgées.

Stratégies de Prévention de la Maltraitance des Personnes Âgées

Campagnes de Sensibilisation Publique : Mener des campagnes de sensibilisation du grand public pour éduquer la population sur la maltraitance des personnes âgées, ses différentes formes et l'importance du signalement. Ces campagnes peuvent être diffusées via divers médias, notamment la télévision, la radio, les médias sociaux et les événements communautaires.

Programmes de Littératie Financière

Proposer des programmes de littératie financière destinés aux personnes âgées pour les doter de connaissances et de compétences pour prendre des décisions financières éclairées, prévenir l'exploitation financière et protéger leurs avoirs.

Soutien et Formation des Aidants

Fournir des programmes de soutien et de formation aux aidants pour les doter des compétences, des connaissances et des ressources nécessaires pour fournir des soins de qualité sans recourir à la maltraitance ou à la négligence.

Dépistage et Évaluation Réguliers

Mise en place de protocoles de dépistage et d'évaluation réguliers au sein des établissements de santé, des services sociaux et des organisations communautaires pour identifier les signes de maltraitance ou de négligence. Une détection précoce permet une intervention et un soutien rapides aux personnes âgées.

Le Rôle des Individus, des Communautés et de la Société

Bâtir un avenir plus sûr pour les personnes âgées nécessite des efforts collectifs.

Individus

Les individus peuvent jouer un rôle significatif en promouvant des attitudes respectueuses et inclusives envers les personnes âgées, en favorisant les connexions sociales et en dénonçant la maltraitance des personnes âgées. Ils peuvent signaler les cas suspects de maltraitance et aider les personnes âgées à accéder aux ressources appropriées.

Communautés

Les communautés peuvent créer des espaces sûrs pour les personnes âgées grâce à des initiatives favorables à l'âge, des programmes d'engagement communautaire et le développement de réseaux de soutien. Elles peuvent également collaborer avec les autorités locales et les organisations pour établir des systèmes de réponse coordonnée.

Société

La société dans son ensemble devrait prioriser le bien-être et les droits des personnes âgées en plaidant en faveur de politiques quiles protègent, en promouvant des environnements favorables à l'âge et en remettant en question l'âgisme et la discrimination. Le soutien de la société est essentiel pour créer une culture qui valorise et respecte les personnes âgées.

Bâtir un avenir plus sûr pour les personnes âgées est une responsabilité collective qui exige la participation active des individus, des communautés et de la société. En créant des environnements de soutien, en sensibilisant, en mettant en place des politiques de protection et en favorisant la collaboration, nous pouvons prévenir la maltraitance des personnes âgées et garantir la sécurité, le bien-être et la dignité des personnes âgées. Des stratégies telles que les campagnes de sensibilisation du public, les programmes de littératie financière, le soutien aux aidants et le dépistage régulier contribuent à la prévention de la maltraitance des personnes âgées. Ensemble, nous pouvons œuvrer en faveur d'un avenir où les personnes âgées peuvent vieillir en toute sécurité, en toute sécurité et avec le respect qu'elles méritent.

Recommandations Politiques et Changements Législatifs

Les recommandations politiques et les changements législatifs sont cruciaux pour construire un avenir plus sûr pour les personnes âgées, prévenir la maltraitance des aînés, et garantir leur protection, leur bien-être et leur dignité. Dans ce chapitre, nous explorerons l'importance des actions politiques et législatives, discuterons des domaines clés qui nécessitent une attention particulière, examinerons des recommandations politiques spécifiques, et mettrons en avant le rôle des individus, des communautés et des gouvernements dans la mise en œuvre de ces changements. En comprenant et en plaidant en faveur de la réforme politique, nous pouvons créer un cadre global qui protège les droits et la sécurité des personnes âgées.

L'Importance des Changements Politiques et Législatifs

Les changements politiques et législatifs sont essentiels pour plusieurs raisons

Protection et Prévention

Les politiques et la législation fournissent un cadre juridique pour protéger les droits des personnes âgées et prévenir la maltraitance. Ils établissent des directives, des normes et des mécanismes d'application qui dissuadent la maltraitance et tiennent les auteurs responsables.

Sensibilisation et Éducation

Les politiques peuvent soutenir des campagnes de sensibilisation et des programmes éducatifs qui informent le public, les professionnels, les aidants et les personnes âgées elles-mêmes sur les signes de la maltraitance des personnes âgées, les stratégies de prévention et les services de soutien disponibles.

Coordination et Collaboration

Les politiques encouragent la collaboration entre les différentes parties prenantes, y compris les prestataires de soins de santé, les services sociaux, les forces de l'ordre, les professionnels du droit et les organisations communautaires. Ils favorisent les efforts coordonnés pour prévenir la maltraitance, partager des informations et fournir un soutien aux personnes âgées.

Financement et Ressources

Les politiques qui attribuent des fonds et des ressources aux initiatives de prévention de la maltraitance des personnes âgées peuvent soutenir la recherche, les programmes de formation, les services de soutien et les interventions. Un financement adéquat garantit la mise en œuvre et la durabilité de stratégies de prévention efficaces.

Domaines Clés Requérant de l'Attention

Définitions Légales et Portée

Examiner et mettre à jour les définitions légales de la maltraitance des personnes âgées pour englober les différentes formes de maltraitance, y compris physique, émotionnelle, financière et la négligence. Clarifier la portée de la maltraitance aide à identifier et à traiter efficacement les différentes manifestations de la maltraitance des personnes âgées.

Mécanismes de Signalement

Établir des mécanismes de signalement accessibles, confidentiels et conviviaux pour la maltraitance des personnes âgées. Cela inclut des lignes d'assistance téléphonique, des systèmes de signalement en ligne et des procédures claires pour le signalement et le suivi. Encourager le signalement obligatoire pour les professionnels dans les domaines concernés peut renforcer la détection et l'intervention.

Formation et Éducation

Promouvoir la formation et l'éducation obligatoires pour les professionnels, les aidants et les personnes travaillant avec les personnes âgées. La formation devrait couvrir l'identification de la maltraitance, les considérations éthiques, les stratégies d'intervention et les services de soutien. L'éducation continue garantit que les professionnels sont à jour avec les meilleures pratiques.

Renforcement des Protections Légales

Renforcer les protections légales pour les personnes âgées en établissant une législation spécifique traitant de la maltraitance des personnes âgées. Cela peut inclure l'augmentation des sanctions pour les auteurs, la fourniture d'une aide juridique pour les victimes et l'élargissement des recours civils en cas d'exploitation financière.

Recommandations Politiques: Loi Nationale de Prévention de la Maltraitance des Personnes Âgées

Promulguer une loi nationale complète de prévention de la maltraitance des personnes âgées qui définisse des objectifs spécifiques, des mécanismes de financement et des efforts de coordination entre les agences fédérales. Cette loi offrirait une approche unifiée de la prévention de la maltraitance des personnes âgées, de la recherche, de la formation et des services de soutien.

Lois de Signalement Obligatoire

Mettre en place des lois de signalement obligatoire qui exigent que les professionnels de la santé, des services sociaux, de la finance et du secteur juridique signalent les cas suspects de maltraitance des personnes âgées. Cela garantit une intervention et un soutien en temps opportun pour les personnes âgées à risque.

Normes de Logement de Soutien

Développer et mettre en œuvre des normes pour les établissements de logement de soutien qui garantissent la sécurité, le bien-être et la dignité des personnes âgées. Ces normes devraient couvrir les mesures de sécurité physique, les exigences en personnel, les protocoles de prévention de la maltraitance et les protections des droits des résidents.

Lois sur l'Exploitation Financière des Personnes Âgées

Renforcer les lois relatives à l'exploitation financière des personnes âgées pour offrir une meilleure protection aux personnes âgées. Cela inclut l'augmentation des sanctions pour les auteurs, la facilitation de la récupération des biens volés et l'augmentation desressources pour les forces de l'ordre pour enquêter sur les crimes financiers contre les personnes âgées.

Le Rôle des Individus, des Communautés et des Gouvernements

La construction d'un avenir plus sûr grâce aux changements politiques et législatifs nécessite la collaboration entre les individus, les communautés et les gouvernements :

Individus

Les individus peuvent plaider en faveur de changements politiques en sensibilisant, en contactant les législateurs et en rejoignant des groupes de défense axés sur la prévention de la maltraitance des personnes âgées. Ils peuvent également soutenir les personnes âgées dans l'accès aux ressources, le signalement des abus et la recherche de recours juridiques.

Communautés

Les communautés peuvent jouer un rôle actif en organisant des campagnes, des forums et des événements communautaires qui sensibilisent à la maltraitance des personnes âgées et à la nécessité de réformes politiques. Elles peuvent collaborer avec les gouvernements locaux et les organisations pour combler les lacunes dans les services et plaider en faveur de changements politiques.

Gouvernements

Les gouvernements ont un rôle crucial à jouer en promulguant et en mettant en œuvre des politiques qui protègent les personnes âgées contre la maltraitance. Ils devraient donner la priorité à la prévention de la maltraitance des personnes âgées dans leur programme législatif, allouer des fonds pour les programmes de prévention et établir des cadres réglementaires pour garantir le respect des normes de prévention de la maltraitance des personnes âgées.

Les recommandations politiques et les changements législatifs sont essentiels pour construire un avenir plus sûr pour les personnes âgées, prévenir la maltraitance des personnes âgées et garantir leur protection et leur bien-être. En abordant des domaines clés tels que les définitions légales, les mécanismes de signalement, la formation et les protections légales, nous pouvons créer un cadre global qui protège les droits et la sécurité des personnes âgées. La mise en œuvre de recommandations politiques, telles qu'une loi nationale de prévention de la maltraitance des personnes âgées, des lois de signalement obligatoire, des normes de logement de soutien et des lois renforcées sur l'exploitation financière des personnes âgées, nécessite la collaboration entre les individus, les communautés et les gouvernements. Ensemble, nous pouvons plaider en faveur de la réforme politique et travailler vers un avenir où les personnes âgées sont en sécurité, protégées et capables de vieillir avec dignité et sécurité.

Collaboration et Initiatives Communautaires

La collaboration et les initiatives communautaires jouent un rôle vital dans la construction d'un avenir plus sûr pour les personnes âgées, la prévention de la maltraitance des aînés et la création d'un environnement de soutien. Dans ce chapitre, nous explorerons l'importance de la collaboration et des efforts communautaires, discuterons des avantages de ces initiatives, examinerons les stratégies pour une collaboration efficace, et mettrons en évidence le rôle des individus, des organisations et des communautés dans la création d'une réponse collective à la maltraitance des aînés. En comprenant le pouvoir de la collaboration et des initiatives communautaires, nous pouvons travailler vers une société qui donne la priorité au bien-être et à la protection des personnes âgées.

L'Importance de la Collaboration et des Initiatives Communautaires

La collaboration et les initiatives communautaires sont cruciales pour plusieurs raisons

Approche Multi-Sectorielle

La prévention de la maltraitance des aînés nécessite la participation de plusieurs secteurs, notamment les soins de santé, les services sociaux, les forces de l'ordre, les professionnels du droit, les organisations communautaires et les personnes âgées elles-mêmes. La collaboration permet une réponse globale qui prend en compte les besoins divers et les défis liés à la maltraitance des aînés.

Partage Amélioré des Connaissances

La collaboration encourage l'échange de connaissances, de meilleures pratiques et d'expertise entre les professionnels et les organisations. Cet échange d'informations conduit à une compréhension plus profonde des dynamiques de la maltraitance des aînés, des stratégies de prévention efficaces et de l'identification des tendances émergentes.

Services Coordonnés

La collaboration permet la coordination des services et des ressources, garantissant ainsi aux personnes âgées un accès à un soutien complet. En travaillant ensemble, les organisations peuvent rationaliser les processus, éliminer les duplications et assurer une continuité transparente des soins pour les personnes âgées à risque.

Renforcement de l'Advocacy

La collaboration renforce la voix collective plaidant en faveur de changements politiques, d'une augmentation des financements et d'une amélioration des services pour les personnes âgées. En unissant leurs forces, les organisations et les membres de la communauté peuvent amplifier leurs efforts de plaidoyer et pousser à des changements systémiques pour protéger les personnes âgées contre la maltraitance.

Avantages de la Collaboration et des Initiatives Communautaires : Approche Complète

La collaboration permet une approche globale de la prévention de la maltraitance des aînés. En rassemblant des perspectives diverses, des compétences et des ressources, les initiatives communautaires peuvent aborder différents aspects de la maltraitance, notamment la sensibilisation, l'éducation, l'intervention et le soutien.

Sensibilisation Accrue

Les initiatives communautaires sensibilisent à la maltraitance des aînés, à ses signes et aux stratégies de prévention. Grâce à des campagnes publiques, à des ateliers éducatifs et à des événements communautaires, la collaboration garantit que l'information atteigne un public plus large, y compris les personnes âgées, les aidants, les professionnels et les membres de la communauté.

Solutions Localisées

Les initiatives communautaires sont souvent adaptées aux besoins uniques de la population locale. En collaborant au niveau de la communauté, les organisations peuvent développer des interventions ciblées qui abordent des facteurs de risque spécifiques, des considérations culturelles et des dynamiques communautaires.

Responsabilisation

La collaboration favorise un sentiment de responsabilisation parmi les personnes âgées et leurs communautés. En impliquant les personnes âgées dans les processus de prise de décision, les initiatives communautaires les responsabilisent pour qu'elles partagent leurs expériences, expriment leurs préoccupations et participent activement aux efforts de prévention.

Stratégies pour une Collaboration Efficace : Établir des Partenariats

Établir de solides partenariats entre les organisations, les prestataires de services et les groupes communautaires est essentiel pour une collaboration efficace. Ces partenariats peuvent être formalisés par le biais de protocoles d'accord, de protocoles partagés et de projets communs.

Communication Régulière

Une communication ouverte et régulière est essentielle pour une collaboration réussie. Établir des canaux de communication, organiser des réunions régulières et partager des mises à jour et des informations garantissent que toutes les parties prenantes sont informées et impliquées dans les processus de prise de décision.

Partage de Données et d'Informations

La collaboration nécessite le partage de données, de résultats de recherche et de meilleures pratiques. L'établissement de protocoles de partage de données et la garantie de la confidentialité favorisent la transparence, la confiance et la prise de décisions éclairées.

Renforcement des Capacités

Investir dans des initiatives de renforcement des capacités, telles que des programmes de formation et des ateliers, renforce les compétences et les connaissances des professionnels, des aidants et des membres de la communauté impliqués dans la prévention de la maltraitance des aînés. Le renforcement des capacités garantit que les collaborateurs sont équipés pour répondre efficacement aux besoins des personnes âgées.

Le Rôle des Individus, des Organisations et des Communautés

La construction d'un avenir plus sûr grâce à la collaboration et aux initiatives communautaires nécessite l'engagement actif des individus, des organisations et des communautés :

Individus

Les individus peuvent contribuer aux efforts de collaboration en participant à des initiatives communautaires, en participant à des programmes éducatifs et en plaidant en faveur de la prévention de la maltraitance des aînés. En faisant du bénévolat, en faisant des dons ou en partageant leur expertise, les individus jouent un rôle crucial dans la création d'une réponse collective à la maltraitance des aînés.

Organisations

Les organisations, notamment les prestataires de soins de santé, les agences de services sociaux, les forces de l'ordre, les professionnels du droit et les groupes communautaires, peuvent collaborer en partageant des ressources, de l'expertise et des réseaux. En travaillant ensemble, les organisations peuvent fournir un soutien et des services holistiques aux personnes âgées à risque.

Communautés

Les communautés sont le fondement des efforts de collaboration. Les communautés engagées et solidaires peuvent sensibiliser, mobiliser des ressources et favoriser une culture qui valorise et protège les personnes âgées. Les communautés peuvent faciliter la création d'environnements favorables aux personnes âgées et soutenir des initiatives qui préviennent la maltraitance des aînés.

Blessures invisibles

    La collaboration et les initiatives communautaires sont des outils puissants pour construire un avenir plus sûr pour les personnes âgées et prévenir la maltraitance des aînés. En favorisant des partenariats multisectoriels, en partageant des connaissances et en mettant en œuvre des solutions localisées, les initiatives communautaires abordent les défis complexes liés à la maltraitance des aînés. La collaboration renforce la sensibilisation, amplifie la plaidoyer et favorise une approche globale de la prévention de la maltraitance des aînés. L'implication des individus, des organisations et des communautés est cruciale pour créer une réponse collective qui garantit le bien-être, la protection et la dignité des personnes âgées. Ensemble, nous pouvons œuvrer pour une société qui valorise et protège les droits des personnes âgées, créant un avenir plus sûr et plus inclusif pour tous.

CHAPITRE 9
Guérison et Rétablissement

La guérison et le rétablissement sont des composantes essentielles pour faire face à la maltraitance des personnes âgées et favoriser le bien-être des personnes âgées ayant subi des abus ou de la négligence. Dans ce chapitre, nous explorerons l'importance de la guérison et du rétablissement, discuterons des impacts de la maltraitance des personnes âgées sur la santé mentale, émotionnelle et physique des personnes âgées, examinerons les stratégies et les interventions pour la guérison et le rétablissement, et mettrons en avant l'importance des systèmes de soutien et des ressources. En comprenant le processus de guérison et en mettant en œuvre des interventions efficaces, nous pouvons contribuer à la restauration et à l'autonomisation des personnes âgées ayant vécu des abus.

L'Importance de la Guérison et du Rétablissement : La guérison et le rétablissement sont cruciaux pour plusieurs raisons

Restauration de la Dignité et du Bien-être : Les processus de guérison et de rétablissement visent à restaurer la dignité, l'autonomie et le bien-être des personnes âgées ayant subi des abus. Cela leur permet de retrouver leur estime de soi, de reprendre le contrôle de leur vie et de reconstruire leur confiance en eux-mêmes et en autrui.

Bien-être Psychologique et Émotionnel

La maltraitance des personnes âgées peut avoir des impacts psychologiques et émotionnels profonds sur les personnes âgées, notamment des sentiments de honte, de culpabilité, de peur, d'anxiété, de dépression et de stress post-traumatique. Les processus de guérison et de rétablissement aident à traiter ces blessures émotionnelles, favorisant le bien-être mental et la qualité de vie globale.

Amélioration de la Santé Physique

Les personnes âgées ayant subi des abus peuvent présenter des blessures physiques et une santé compromise en raison de la négligence ou des mauvais traitements. Les processus de guérison et de rétablissement se concentrent sur la restauration de la santé physique, la fourniture de soins médicaux nécessaires et le soutien à la réadaptation pour améliorer leurs résultats de santé globaux.

Rompre le Cycle de la Maltraitance

La guérison et le rétablissement bénéficient non seulement aux survivants individuels, mais contribuent également à rompre le cycle de la maltraitance. En abordant les impacts de la maltraitance et en fournissant un soutien, les personnes âgées sont moins susceptibles de devenir victimes ou auteurs de maltraitance à l'avenir.

Impacts de la Maltraitance des Personnes Âgées sur la Guérison et le Rétablissement

La maltraitance des personnes âgées peut avoir un impact significatif sur les processus de guérison et de rétablissement des personnes âgées

Problèmes de Confiance et de Relations

Les personnes âgées ayant subi des abus peuvent avoir du mal à faire confiance, ce qui rend difficile la formation de nouvelles relations ou la recherche d'aide. Reconstruire la confiance et établir des relations de soutien est crucial pour leur parcours de guérison.

Traumatisme Émotionnel

La maltraitance des personnes âgées entraîne souvent un traumatisme émotionnel, affectant la santé mentale et émotionnelle des survivants. Il est important de traiter et de surmonter ces traumatismes par le biais d'interventions thérapeutiques, de conseils et de groupes de soutien.

Réadaptation Physique

La guérison et le rétablissement peuvent impliquer une réadaptation physique pour les personnes âgées ayant subi des abus physiques ou de la négligence. Cela peut inclure des traitements médicaux, une thérapie et une assistance pour retrouver l'indépendance physique et la mobilité.

Stratégies et Interventions pour la Guérison et le Rétablissement : Soins Infirmiers Basés sur le Traumatisme

Adopter une approche axée sur le traumatisme pour fournir des soins et un soutien aux personnes âgées ayant subi des abus. Cette approche reconnaît l'impact du traumatisme et favorise un environnement de sécurité, de confiance et d'autonomisation.

Conseils et Thérapie

Fournir des séances de conseil individuelles ou en groupe aux survivants de la maltraitance des personnes âgées. Les interventions thérapeutiques peuvent aider les survivants à traiter leurs expériences, à gérer leurs émotions et à développer des stratégies d'adaptation.

Groupes de Soutien

Faciliter des groupes de soutien où

les survivants peuvent se connecter avec d'autres ayant vécu des abus similaires. Les groupes de soutien offrent un sentiment de communauté, de validation et de soutien mutuel, réduisant les sentiments d'isolement et fournissant une plateforme pour partager des expériences.

Services de Réadaptation

Collaborer avec des professionnels de la santé et des spécialistes de la réadaptation pour fournir des services de réadaptation physique. Cela peut inclure la physiothérapie, l'ergothérapie et d'autres interventions spécialisées pour soutenir la guérison physique et retrouver les capacités fonctionnelles.

Soutien Juridique

Veiller à ce que les survivants aient accès à des ressources et à un soutien juridique pour rechercher la justice et tenir les auteurs responsables. L'assistance juridique peut donner aux survivants le pouvoir et contribuer à leur processus de guérison.

Importance des Systèmes de Soutien et des Ressources

Créer un environnement de soutien et fournir des ressources adéquates est crucial pour la guérison et le rétablissement des personnes âgées ayant subi des abus

Réseaux de Soutien

Encourager la participation de la famille, des amis et des membres de la communauté pour soutenir le parcours de guérison des survivants. Les liens sociaux et un réseau de soutien solide peuvent fournir un soutien émotionnel, une compagnie et une aide pratique.

Services Communautaires

Collaborer avec des organisations communautaires, des agences de prévention de la maltraitance des personnes âgées et des fournisseurs de services sociaux pour garantir que les survivants aient accès à une gamme de services tels que la gestion de cas, le soutien au logement, le transport et l'aide financière.

Information Accessible

Veiller à ce que les survivants aient accès à des informations claires et accessibles sur les ressources disponibles, les services de soutien et leurs droits. Cela comprend la fourniture d'informations dans plusieurs langues et formats pour répondre aux besoins diversifiés.

Soutien Continu

Reconnaître que la guérison et le rétablissement prennent du temps et fournir un soutien continu aux survivants. Cela peut inclure des vérifications régulières, des services de suivi et des références à des professionnels ou à des groupes de soutien appropriés.

La guérison et le rétablissement sont des composantes essentielles pour faire face à la maltraitance des personnes âgées et soutenir les personnes âgées ayant subi des mauvais traitements. En mettant l'accent sur la restauration de la dignité, la promotion du bien-être mental et physique, et la rupture du cycle de la maltraitance, nous pouvons contribuer à la guérison et à l'autonomisation des survivants. Les soins basés sur le traumatisme, le conseil, les groupes de soutien, les services de réadaptation et le soutien juridique sont des stratégies et des interventions clés qui facilitent la guérison et le rétablissement. Les systèmes de soutien et les ressources accessibles jouent un rôle crucial en fournissant aux survivants l'aide nécessaire, l'autonomisation et les opportunités pour reconstruire leur vie. En donnant la priorité à la guérison et au rétablissement, nous pouvons créer une société qui valorise le bien-être et les droits des personnes âgées, en veillant à ce qu'elles puissent vieillir avec dignité et sécurité.

Les Soins Infirmiers Basés sur le Traumatisme pour les Survivants de la Maltraitance des Personnes Âgées

Les soins infirmiers basés sur le traumatisme sont une approche cruciale pour apporter un soutien et de l'aide aux survivants de la maltraitance des personnes âgées. Ils reconnaissent l'impact du traumatisme sur le bien-être, les comportements et les interactions des individus, et visent à créer un environnement sûr, émancipateur et propice à la guérison pour les survivants. Dans le contexte de la maltraitance des personnes âgées, les soins infirmiers basés sur le traumatisme sont essentiels pour répondre aux besoins uniques des personnes âgées ayant subi des mauvais traitements. Dans ce chapitre, nous explorerons l'importance des soins infirmiers basés sur le traumatisme, discuterons de ses principes clés, examinerons son application dans le contexte de la maltraitance des personnes âgées, et mettrons en avant le rôle des professionnels et des organisations dans la mise en œuvre de cette approche. En comprenant et en mettant en œuvre les soins infirmiers basés sur le traumatisme, nous pouvons contribuer à la guérison et au bien-être des survivants de la maltraitance des personnes âgées.

L'Importance des Soins Infirmiers Basés sur le Traumatisme

Les soins infirmiers basés sur le traumatisme sont importants pour plusieurs raisons

Reconnaissance de l'Impact du Traumatisme

Les survivants de la maltraitance des personnes âgées ont pu subir diverses formes de traumatisme, notamment des abus physiques, émotionnels et financiers. Les soins infirmiers basés sur le traumatisme reconnaissent l'impact de ces expériences traumatiques sur le bien-être global des survivants, leur santé mentale et leurs relations.

Sécurité et Confiance

Les soins infirmiers basés sur le traumatisme accordent la priorité à la création d'un environnement sûr et favorable pour les survivants. Ils favorisent un sentiment de sécurité physique et émotionnelle, permettant aux survivants de se sentir en sécurité et à l'aise pour demander de l'aide et du soutien.

Émancipation et Collaboration

Cette approche émancipe les survivants en les impliquant dans le processus de prise de décision, en respectant leur autonomie et en valorisant leurs expériences et leurs perspectives. La collaboration entre les survivants et les prestataires de services favorise un sentiment de contrôle, d'émancipation et de propriété du processus de guérison.

Évitement de la Re-Traumatisation

Les soins infirmiers basés sur le traumatisme visent à prévenir la re-traumatisation en comprenant et en minimisant les déclencheurs, en offrant des choix, et en utilisant des techniques qui favorisent la régulation émotionnelle et les soins personnels.

Principes Clés des Soins Infirmiers Basés sur le Traumatisme : Sécurité

Créer un environnement physiquement et émotionnellement sûr pour les survivants en garantissant la confidentialité, le respect des limites, et une communication ouverte. Établir la confiance est essentiel pour que les survivants se sentent en sécurité pour révéler leurs expériences et rechercher du soutien.

Fiabilité et Transparence

Établir la confiance en fournissant des informations claires, en maintenant une communication constante et honnête, et en respectant les engagements. La transparence aide les survivants à se sentir en sécurité et renforce leur confiance dans le soutien qu'ils reçoivent.

Choix et Contrôle

Permettre aux survivants de faire des choix éclairés concernant leurs soins et de les impliquer dans les processus de prise de décision. Reconnaître et respecter l'autonomie des survivants favorise leur sentiment de contrôle et d'émancipation.

Collaboration et Respect Mutuel

Établir des relations de collaboration avec les survivants, valoriser leurs expériences et intégrer leurs contributions dans le processus de soins. Le respect mutuel favorise un sentiment d'égalité et de dignité pour les survivants.

Émancipation et Développement de Compétences

Soutenir les survivants dans le développement de compétences et de ressources pour faire face au traumatisme et avancer vers la guérison. Cela peut inclure la fourniture d'informations, l'enseignement de stratégies d'adaptation et la mise en relation des survivants avec des services de soutien appropriés.

Application des Soins Infirmiers Basés sur le Traumatisme dans le Contexte de la Maltraitance des Personnes Âgées

Sensibilité aux Déclencheurs

Les soins infirmiers basés sur le traumatisme reconnaissent que certains déclencheurs peuvent provoquer des réponses émotionnelles et physiologiques chez les survivants. Les prestataires de services doivent être formés pour identifier et répondre de manière sensible àces déclencheurs, en utilisant des stratégies pour minimiser la re-traumatisation.

Sécurité Émotionnelle

Créer un espace émotionnellement sûr pour que les survivants puissent exprimer leurs sentiments et leurs expériences sans craindre d'être jugés ou rejetés. L'écoute active, l'empathie et la validation sont essentielles pour soutenir les survivants dans le processus de guérison.

Compréhension de la Complexité du Traumatisme

Reconnaître que les survivants de la maltraitance des personnes âgées ont pu subir plusieurs formes de traumatisme et que l'expérience de chaque individu est unique. Adopter une approche holistique permet des soins complets qui répondent aux besoins et aux défis spécifiques de chaque survivant.

Collaboration et Relations de Soutien

Établir des relations de collaboration avec les survivants basées sur la confiance, l'empathie et le respect. Les prestataires de services doivent veiller à ce que les survivants aient accès à une équipe multidisciplinaire de professionnels capables d'offrir un soutien complet.

Rôle des Professionnels et des Organisations : Formation et Éducation

Les professionnels travaillant avec les survivants de la maltraitance des personnes âgées doivent être formés aux soins infirmiers basés sur le traumatisme, à la reconnaissance des signes de traumatisme, et à la compréhension des besoins uniques des personnes âgées. Une éducation continue garantit que les professionnels sont équipés pour fournir un soutien approprié.

Création de Systèmes Basés sur le Traumatisme

Les organisations doivent adopter des pratiques basées sur le traumatisme à tous les niveaux, y compris les politiques, les procédures et la culture organisationnelle. Cela implique d'intégrer les principes des soins basés sur le traumatisme dans la prestation de services, la formation du personnel, et l'amélioration continue de la qualité.

Collaboration et Partenariats

Les professionnels et les organisations doivent collaborer avec d'autres prestataires de services, tels que les professionnels de la santé, les travailleurs sociaux, les professionnels du droit, et les organisations communautaires. Cette collaboration garantit une réponse coordonnée et complète aux besoins des survivants de la maltraitance des personnes âgées.

Accès aux Ressources

Les organisations doivent veiller à ce que les survivants aient accès à diverses ressources, telles que le conseil, les groupes de soutien, l'assistance juridique et les services communautaires. Mettre les survivants en relation avec des ressources appropriées facilite leur guérison et leur rétablissement.

Les soins infirmiers basés sur le traumatisme sont une approche vitale pour soutenir les survivants de la maltraitance des personnes âgées dans leur parcours de guérison. En reconnaissant l'impact du traumatisme, en créant des environnements sûrs, en favorisant la confiance et en encourageant l'émancipation, les soins infirmiers basés sur le traumatisme renforcent le bien-être et la résilience des survivants. Appliquer les principes des soins infirmiers basés sur le traumatisme dans le contexte de la maltraitance des personnes âgées nécessite de la sensibilité, de la collaboration et une formation continue pour les professionnels et les organisations. En mettant en œuvre les soins infirmiers basés sur le traumatisme, nous pouvons contribuer à la guérison et à l'autonomisation des survivants de la maltraitance des personnes âgées, en veillant à ce qu'ils reçoivent le soutien et les soins dont ils ont besoin pour avancer sur la voie de la guérison.

Approches Thérapeutiques et Services de Soutien pour les Survivants de la Maltraitance des Personnes Âgées

Les approches thérapeutiques et les services de soutien sont cruciaux pour aider les survivants de la maltraitance des personnes âgées sur la voie de la guérison et du rétablissement. Ces services visent à traiter les impacts physiques, émotionnels et psychologiques des abus, à fournir un espace sûr pour que les survivants puissent exprimer leurs expériences, et à les autonomiser pour reprendre le contrôle de leur vie. Dans ce chapitre, nous explorerons l'importance des approches thérapeutiques et des services de soutien pour les survivants de la maltraitance des personnes âgées, discuterons des différents types d'interventions, examinerons leurs avantages, et mettrons en avant l'importance de systèmes de soutien complets et accessibles. En comprenant et en mettant en œuvre ces approches, nous pouvons contribuer au bien-être et à la résilience des survivants de la maltraitance des personnes âgées.

L'Importance des Approches Thérapeutiques et des Services de Soutien : Guérison Émotionnelle

La maltraitance des personnes âgées peut entraîner un traumatisme émotionnel profond pour les survivants. Les interventions thérapeutiques fournissent un espace sûr et de soutien pour que les survivants puissent exprimer leurs émotions, traiter leurs expériences, et travailler sur leur guérison émotionnelle et leur bien-être.

Émancipation et Restauration du Contrôle

Les services de soutien autonomisent les survivants en leur fournissant des ressources, des informations et des compétences pour reprendre le contrôle de leur vie. Ces services aident les survivants à reconnaître leurs forces, à développer leur résilience, et à élaborer des stratégies pour avancer.

Validation et Reconnaissance

Les approches thérapeutiques et les services de soutien valident les expériences des survivants, fournissant un sentiment de validation et reconnaissant le préjudice qu'ils ont enduré. Cette validation peut être cruciale dans le processus de guérison, car elle aide les survivants à reconstruire leur estime de soi et à retrouver leur valeur personnelle.

Accès aux Ressources

Les services de soutien mettent les survivants en relation avec des ressources telles que la thérapie, les groupes de soutien, l'assistance juridique et les soins médicaux. Ces ressources sont essentielles pour répondre aux besoins uniques des survivants et fournir un soutien complet.

Types d'Approches Thérapeutiques et de Services de Soutien

Thérapie et Counseling : La thérapie individuelle et le counseling offrent un espace sûr et confidentiel pour que les survivants puissent explorer leurs expériences, exprimer leurs émotions, et développer des stratégies d'adaptation. Les thérapeutes utilisent des approches basées sur des preuves telles que la thérapie cognitivo-comportementale (TCC), la thérapie axée sur le traumatisme, et la thérapie centrée sur la personne pour soutenir les survivants dans leur parcours de guérison.

Groupes de Soutien

Les groupes de soutien rassemblent des survivants ayant vécu des abus similaires, offrant un sentiment de communauté, de compréhension, et de validation. Les groupes de soutien offrent une plateforme aux survivants pour partager leurs expériences, tirer des enseignements des autres, et apprendre des stratégies d'adaptation auprès de pairs ayant rencontré des défis similaires.

Art-thérapie

L'art-thérapie utilise des processus créatifs tels que la peinture, le dessin et l'écriture pour aider les survivants à exprimer leurs émotions, à traiter leur traumatisme, et à favoriser la découverte de soi. L'art-thérapie offre une sortie non verbale aux survivants pour communiquer leurs expériences et peut être particulièrement bénéfique pour ceux qui ont du mal à s'exprimer verbalement.

Pleine Conscience et Méditation

Les pratiques de pleine conscience et de méditation aident les survivants à développer la conscience de soi, à gérer le stress, et à cultiver un sentiment de calme. Ces pratiques se concentrent sur le moment présent et aident les survivants à renforcer leur résilience, à réduire l'anxiété, et à améliorer leur bien-être général.

Yoga Axé sur le Traumatisme

Le yoga axé sur le traumatisme intègre des mouvements doux, des exercices de respiration, et des techniques de pleine conscience pour aider les survivants à se reconnecter à leur corps, à réduire la tension physique, et à favoriser un sentiment d'enracinement. Cette approche met l'accent sur la sécurité, le choix, et l'autonomisation pendant la pratique du yoga.

Avantages des Approches Thérapeutiques et des Services de Soutien

Guérison Émotionnelle et Bien-être

Les approches thérapeutiques et les services de soutien fournissent aux survivants des outils et des ressources pour traiter leur traumatisme, gérer leurs émotions, et améliorer leur bien-être général. Ces interventions permettent aux survivants de développer des mécanismes d'adaptation sains et de renforcer leur résilience.

Validation et Émancipation

En offrant aux survivants un espace sûr pour partager leurs expériences, les approches thérapeutiques et les services de soutien valident leurs sentiments et aident à reconstruire leur estime de soi. Les survivants sont autonomisés pour reprendre le contrôle de leur vie, prendre des décisions éclairées, et établir des limites.

Soutien Social et Connexion

Les services de soutien, tels que les groupes de soutien, favorisent un sentiment de communauté et de connexion entre les survivants. Ce réseau de soutien social réduit le sentiment d'isolement et offre une plateforme pour partager des expériences, acquérir des connaissances, et établir des relations avec d'autres personnes ayant rencontré des défis similaires.

Éducation et Ressources

Les approches thérapeutiques et les services de soutien fournissent aux survivants des informations, une éducation, et un accès à des ressources. Cela permet aux survivants de prendre des décisions éclairées sur leur avenir, de comprendre leurs droits légaux, d'accéder aux services de santé, et de naviguer dans les systèmes de soutien qui leur sont disponibles.

Systèmes de Soutien Complets et Accessibles

Pour assurer l'efficacité des approches thérapeutiques et des services de soutien, il est essentiel de disposer de systèmes de soutien complets et accessibles

Services Intégrés

Les efforts de collaboration entre les prestataires de soins de santé, les services sociaux, les professionnels du droit, et les organisations communautaires sont cruciaux pour fournir un soutien complet aux survivants. Les services intégrés garantissent que les survivants peuvent accéder à plusieurs formes de soutien dans le cadre d'une approche coordonnée et holistique.

Soins Culturellement Compétents

Les services de soutien doivent être sensibles sur le plan culturel et prendre en compte les besoins et les expériences uniques des populations diverses. Des soins culturellement compétents garantissent que les survivants de différents horizons culturels peuvent accéder à des services qui respectent leurs valeurs, leurs croyances, et leurs traditions culturelles.

Sensibilisation et Conscience

Des efforts de sensibilisation proactifs sont nécessaires pour atteindre les survivants de la maltraitance des personnes âgées qui peuvent ne pas être au courant des services de soutien disponibles. Sensibiliser à la maltraitance des personnes âgées et aux ressources disponibles pour les survivants peut encourager les comportements de recherche d'aide et augmenter l'accès au soutien.

Financement et Ressources Suffisants

Les gouvernements, les organisations, et les acteurs de la communauté devraient allouer suffisamment de financement et de ressources aux services de soutien pour les survivants de la maltraitance des personnes âgées. Un financement adéquat permet la fourniture de services de qualité, la formation des professionnels, et le développement d'approches innovantes pour soutenir les survivants.

Les approches thérapeutiques et les services de soutien sont essentiels pour promouvoir la guérison et le bien-être des survivants de la maltraitance des personnes âgées. En traitant les impacts émotionnels et psychologiques des abus, en fournissant une validation, en autonomisant les survivants, et en les mettant en relation avec des systèmes de soutien complets, nous pouvons aider les survivants dans leur parcours vers la guérison et le rétablissement. La thérapie, les groupes de soutien, l'art-thérapie, les pratiques de pleine conscience, et le yoga axé sur le traumatisme sont quelques exemples d'interventions qui peuvent soutenir les survivants dans leur processus de guérison. Il est crucial de veiller à ce que ces services soient complets, culturellement compétents, et facilement accessibles pour les survivants. En mettant en œuvre et en plaidant pour ces services, nous pouvons contribuer au bien-être et à la résilience des survivants de la maltraitance des personnes âgées, en veillant à ce qu'ils reçoivent le soutien et les soins qu'ils méritent.

Chapitre 10
Perspectives Mondiales sur la Maltraitance des Personnes Âgées

La maltraitance des personnes âgées est un problème omniprésent qui touche les personnes âgées du monde entier, transcendant les frontières géographiques, culturelles et socio-économiques. Dans ce chapitre, nous explorerons les perspectives mondiales sur la maltraitance des personnes âgées, en discutant de sa prévalence, de ses formes et des facteurs contributifs dans différentes régions. Nous examinerons les défis auxquels sont confrontés différents pays pour lutter contre la maltraitance des personnes âgées et mettrons en lumière les efforts internationaux, les initiatives et les meilleures pratiques en matière de prévention et de réponse à ce problème. En comprenant les perspectives mondiales sur la maltraitance des personnes âgées, nous pouvons sensibiliser, plaider en faveur du changement, et œuvrer pour un monde où les personnes âgées sont protégées, respectées et valorisées.

Prévalence et Formes de la Maltraitance des Personnes Âgées

La maltraitance des personnes âgées revêt diverses formes et est prévalente dans différents pays et régions

Maltraitance Physique

Cela implique l'utilisation de la force physique qui entraîne de la douleur, des blessures ou des handicaps. Cela inclut des actes tels que les coups, les gifles, les poussées ou la restriction des mouvements des personnes âgées.

Maltraitance Émotionnelle et Psychologique

La maltraitance émotionnelle englobe des comportements qui causent de la douleur émotionnelle, de la détresse ou de la peur. Cela peut inclure des insultes, des menaces, de l'intimidation, de l'humiliation ou l'isolement des personnes âgées de leurs liens sociaux.

Maltraitance Financière

La maltraitance financière implique l'utilisation abusive ou l'exploitation des ressources financières d'une personne âgée. Cela peut inclure le vol, la fraude, l'influence indue ou le fait de contraindre les personnes âgées à signer des documents contre leur gré.

Négligence

La négligence se produit lorsque le soignant ne parvient pas à répondre aux besoins de base d'une personne âgée, tels que la fourniture de nourriture adéquate, d'un abri, de soins médicaux ou d'un soutien nécessaire.

Maltraitance Sexuelle

La maltraitance sexuelle fait référence à des contacts sexuels non consentis, à la coercition ou à l'exploitation d'une personne âgée. Cela peut impliquer des avances sexuelles non désirées, des agressions ou forcer les personnes âgées à participer à des activités sexuelles contre leur gré.

Défis Mondiaux pour Lutter Contre la Maltraitance des Personnes Âgées

Lutter contre la maltraitance des personnes âgées pose plusieurs défis à l'échelle mondiale

Sous-déclaration

La maltraitance des personnes âgées est souvent sous-déclarée en raison de facteurs tels que la peur, la dépendance à l'égard des auteurs, le manque de sensibilisation, les troubles cognitifs ou la stigmatisation sociale. Cela rend difficile l'évaluation de l'ampleur réelle du problème et la fourniture d'interventions appropriées.

Âgisme et Normes Culturelles

L'âgisme et les normes culturelles peuvent perpétuer le manque de respect, de valeur et de protection envers les personnes âgées. Les stéréotypes et attitudes négatives envers le vieillissement peuvent contribuer à la prévalence de la maltraitance des personnes âgées et entraver les efforts pour traiter efficacement le problème.

Ressources et Capacités Limitées

De nombreux pays sont confrontés à des contraintes de ressources en termes de financement, d'infrastructures et de professionnels formés pour lutter contre la maltraitance des personnes âgées. Une capacité limitée peut entraver la mise en œuvre de stratégies globales de prévention et d'intervention.

Efforts Internationaux et Meilleures Pratiques

Malgré ces défis, des efforts internationaux sont en cours pour lutter contre la maltraitance des personnes âgées

Nations Unies

Les Nations Unies ont reconnu l'importance de prévenir et de lutter contre la maltraitance des personnes âgées. L'Assemblée générale des Nations Unies a désigné le 15 juin comme Journée mondiale de sensibilisation à la maltraitance des personnes âgées, sensibilisant ainsi le monde entier et encourageant des actions pour lutter contre la maltraitance des personnes âgées.

Organisation Mondiale de la Santé (OMS)

L'OMS fournit des orientations et des ressources sur la prévention de la maltraitance des personnes âgées, notamment des recherches, le développement de politiques, et des programmes de formation. Le rapport mondial sur l'état de la prévention de la violence de l'OMS met en évidence la maltraitance des personnes âgées en tant que problème de santé publique.

Législation et Politiques

Les pays ont promulgué des lois et élaboré des politiques pour protéger les personnes âgées contre la maltraitance. Cela comprend des lois criminalisant la maltraitance des personnes âgées, établissant des mécanismes de signalement et promouvant les droits et le bien-être des personnes âgées.

Collaboration Multidisciplinaire

De nombreux pays ont mis en place des équipes multidisciplinaires et des groupes de travail qui réunissent des professionnels de différents secteurs, notamment des professionnels de la santé, des services sociaux, des forces de l'ordre et des professionnels du droit. Cette collaboration renforce la prévention, l'identification et la réponse aux cas de maltraitance des personnes âgées.

Sensibilisation et Éducation

Les campagnes de sensibilisation du public et les initiatives éducatives sensibilisent à la maltraitance des personnes âgées, à ses signes, et aux services de soutien disponibles. Ces efforts visent à autonomiser les individus, les professionnels et les communautés pour reconnaître, signaler et prévenir la maltraitance des personnes âgées.

Les perspectives mondiales sur la maltraitance des personnes âgées mettent en évidence la nécessité d'une action collective et d'une collaboration internationale pour protéger et soutenir les personnes âgées. En reconnaissant la prévalence et les formes de la maltraitance des personnes âgées, en comprenant les défis auxquels sont confrontés différents pays, et en s'inspirant des efforts internationaux et des meilleures pratiques, nous pouvons œuvrer pour une prévention, une intervention et des systèmes de soutien efficaces. Il est essentiel de promouvoir la sensibilisation, de remettre en question l'âgisme, et de plaider en faveur de politiques qui privilégient les droits, le bien-être et la dignité des personnes âgées. Grâce à des efforts concertés, nous pouvons créer une société mondiale qui valorise et protège les personnes âgées, en garantissant leur sécurité, leur respect, et leur inclusion dans tous les coins du monde.

Perspectives interculturelles et défis dans la lutte contre la maltraitance des personnes âgées

La maltraitance des personnes âgées est un problème complexe qui se manifeste différemment selon les cultures et les sociétés. Comprendre les perspectives interculturelles sur la maltraitance des personnes âgées est essentiel pour élaborer des stratégies efficaces de prévention et d'intervention qui respectent les normes culturelles, les valeurs et les pratiques culturelles diverses. Dans ce chapitre, nous explorerons les perspectives interculturelles sur la maltraitance des personnes âgées, examinerons les défis rencontrés pour traiter ce problème dans différentes cultures et soulignerons l'importance des approches culturellement sensibles. En reconnaissant et en respectant les perspectives culturelles diverses, nous pouvons œuvrer en faveur d'une réponse globale qui garantit la protection et le bien-être des personnes âgées dans tous les contextes culturels.

Perspectives interculturelles sur la maltraitance des personnes âgées

La maltraitance des personnes âgées est influencée par des facteurs culturels, sociaux et économiques qui varient d'une culture à l'autre. Voici quelques perspectives interculturelles clés sur la maltraitance des personnes âgées :

Normes et valeurs culturelles

Les normes et valeurs culturelles façonnent les attitudes envers le vieillissement, la dynamique familiale et les rôles et responsabilités des personnes âgées. Dans certaines cultures, des croyances et pratiques traditionnelles peuvent influencer la perception de la maltraitance des personnes âgées ou perpétuer l'âgisme, rendant ainsi plus difficile de traiter efficacement le problème.

Structures et dynamiques familiales

Les structures familiales jouent un rôle important dans la maltraitance des personnes âgées. Dans les cultures où l'accent est mis sur la piété filiale ou la cohabitation intergénérationnelle, la maltraitance peut se produire au sein de la famille en raison du stress lié aux soins, des conflits intergénérationnels ou des déséquilibres de pouvoir.

Réseaux de soutien social

La disponibilité et la solidité des réseaux de soutien social varient d'une culture à l'autre. Dans les cultures collectivistes, où la famille et la communauté jouent un rôle central, la maltraitance des personnes âgées peut être plus cachée ou moins signalée en raison de la honte, de la stigmatisation ou du désir de maintenir l'harmonie familiale.

Dynamiques de genre

Les normes et les rôles de genre peuvent influencer l'occurrence et la perception de la maltraitance des personnes âgées. Dans les cultures où l'inégalité des sexes existe, les femmes âgées peuvent être particulièrement vulnérables à la maltraitance, y compris à l'exploitation financière et à la négligence.

Défis pour aborder la maltraitance des personnes âgées de manière interculturelle

Aborder la maltraitance des personnes âgées de manière interculturelle présente plusieurs défis

Sensibilité culturelle

Le développement de stratégies efficaces exige de la sensibilité culturelle et une compréhension des contextes culturels divers. Les approches de prévention, d'intervention et de soutien doivent respecter les valeurs, les croyances et les pratiques culturelles pour garantir l'acceptation et la participation des communautés touchées.

Barrières linguistiques et de communication

Les barrières linguistiques peuvent entraver la communication efficace et le signalement de la maltraitance des personnes âgées. Des services de traduction et des interprètes culturellement appropriés peuvent combler cette lacune et garantir que les personnes âgées peuvent exprimer leurs expériences et rechercher de l'aide.

Sous-déclaration et honte

Les normes culturelles et la stigmatisation entourant la maltraitance des personnes âgées peuvent contribuer à sa sous-déclaration. Les personnes âgées peuvent se sentir honteuses ou craindre des représailles, ce qui rend difficile l'obtention de données précises et la fourniture d'un soutien approprié.

Défis juridiques et politiques

Les cadres juridiques et politiques visant à lutter contre la maltraitance des personnes âgées peuvent différer d'une culture à l'autre. Le développement d'une législation complète et culturellement sensible qui protège les droits des personnes âgées tout en respectant les valeurs culturelles est crucial mais difficile.

Approches culturellement sensibles

Pour surmonter ces défis, des approches culturellement sensibles doivent être mises en œuvre

Engagement communautaire et collaboration

Impliquer les dirigeants communautaires, les aînés et les organisations locales favorise la confiance et garantit que les interventions sont culturellement appropriées et acceptables. La collaboration avec les parties prenantes de la communauté est essentielle pour concevoir des programmes de prévention, sensibiliser et fournir des services de soutien.

Éducation et sensibilisation adaptées à la culture

Les programmes éducatifs adaptés à la culture sensibilisent à la maltraitance des personnes âgées, à ses signes et aux ressources disponibles. Les matériaux et les efforts de sensibilisation doivent être sensibles aux nuances culturelles, aux langues et aux niveaux d'alphabétisation.

Fournisseurs de services culturellement compétents

La formation des professionnels pour comprendre et respecter les perspectives culturelles diverses est essentielle. Les prestataires de services doivent être éduqués sur les normes, les valeurs et les pratiques culturelles pour garantir des interactions culturellement compétentes et respectueuses avec les personnes âgées.

Responsabilisation des leaders communautaires

Impliquer les leaders communautaires et les organisations les responsabilise à prendre l'initiative dans la lutte contre la maltraitance des personnes âgées dans leur contexte culturel. Responsabiliser ces leaders peut faciliter la diffusion d'informations, promouvoir un changement culturel positif et réduire la stigmatisation.

Les perspectives interculturelles sur la maltraitance des personnes âgées soulignent l'importance de comprendre et de respecter les contextes culturels divers lors de la prise en charge de ce problème. Les approches culturellement sensibles qui tiennent compte des normes, des valeurs et des pratiques culturelles sont cruciales pour élaborer des stratégies de prévention et d'intervention efficaces.

La collaboration avec les leaders communautaires, les programmes éducatifs adaptés à la culture, les prestataires de services culturellement compétents et l'autonomisation des membres de la communauté sont des composantes essentielles d'une réponse globale à la maltraitance des personnes âgées. En adoptant les perspectives interculturelles, nous pouvons garantir la protection et le bien-être des personnes âgées dans tous les contextes culturels et œuvrer pour un monde où la maltraitance des personnes âgées est prévenue et où les personnes âgées sont respectées et valorisées.

Créer un monde sans maltraitance envers les personnes âgées

La maltraitance envers les personnes âgées est un problème mondial significatif qui exige des efforts collectifs pour créer un monde où les personnes âgées sont protégées, respectées et valorisées. Tout au long de ce livre, nous avons exploré différents aspects de la maltraitance envers les personnes âgées, y compris ses définitions, ses types, ses impacts, les facteurs qui y contribuent, les interventions et les perspectives mondiales. Maintenant, dans le chapitre final, nous mettrons l'accent sur l'importance de créer un monde sans maltraitance envers les personnes âgées, discuterons des principales stratégies pour atteindre cet objectif et mettrons en évidence le rôle des individus, des communautés, des organisations et des décideurs dans sa réalisation. En travaillant ensemble, nous pouvons garantir le bien-être, la sécurité et la dignité des personnes âgées et favoriser une société qui chérit et protège sa population âgée.

L'importance de créer un monde sans maltraitance envers les personnes âgées

Créer un monde sans maltraitance envers les personnes âgées est essentiel pour plusieurs raisons

Droits de l'homme et dignité

Chaque individu, quel que soit son âge, mérite d'être traité avec respect, dignité et compassion. La maltraitance envers les personnes âgées porte atteinte aux droits fondamentaux de l'homme des personnes âgées et mine leur valeur et leur dignité inhérentes.

Bien-être et qualité de vie

La maltraitance envers les personnes âgées a des impacts physiques, émotionnels et psychologiques graves sur elles. En prévenant et en luttant contre la maltraitance envers les personnes âgées, nous pouvons contribuer à leur bien-être global, favorisant des vies plus saines et plus épanouissantes pour les personnes âgées.

Harmonie intergénérationnelle

Un monde sans maltraitance envers les personnes âgées favorise l'harmonie intergénérationnelle et renforce les liens familiaux et communautaires. En promouvant des relations positives, le respect et le soutien entre les générations, nous construisons une société qui valorise la sagesse et les contributions des personnes âgées.

Stratégies pour créer un monde sans maltraitance envers les personnes âgées : Sensibilisation et éducation

Sensibiliser à la maltraitance envers les personnes âgées est essentiel pour changer les attitudes de la société, dissiper les mythes et encourager une intervention précoce. Les initiatives éducatives doivent cibler les individus de tous âges, les professionnels, les communautés et les décideurs pour promouvoir la compréhension et des réponses proactives à la maltraitance envers les personnes âgées.

Prévention

La priorisation des efforts de prévention est essentielle pour réduire l'occurrence de la maltraitance envers les personnes âgées. Cela implique de s'attaquer aux causes profondes de la maltraitance, telles que l'âgisme, l'isolement social, le stress des aidants et l'exploitation financière. Les stratégies de prévention peuvent inclure la sensibilisation communautaire, les programmes de soutien aux aidants, les initiatives de littératie financière et les programmes de connexion sociale pour les personnes âgées.

Services de soutien

Des services de soutien accessibles et complets sont essentiels pour lutter contre la maltraitance envers les personnes âgées. Cela comprend la fourniture de conseils, d'assistance juridique, de soutien médical et de services sociaux adaptés aux besoins spécifiques des personnes âgées. La collaboration entre les professionnels de la santé, les travailleurs sociaux, les experts juridiques et les organisations communautaires peut garantir la disponibilité de systèmes de soutien diversifiés et holistiques.

Politique et législation

Les gouvernements et les décideurs jouent un rôle vital dans la création d'un environnement qui protège les personnes âgées contre la maltraitance. Le renforcement des cadres juridiques, le développement d'une législation solide contre la maltraitance envers les personnes âgées et la mise en œuvre de politiques qui promeuvent les droits et le bien-être des personnes âgées sont des étapes cruciales pour lutter contre la maltraitance envers les personnes âgées.

Collaboration multidisciplinaire

Lutter contre la maltraitance envers les personnes âgées nécessite une approche multidisciplinaire impliquant différents secteurs et parties prenantes. La collaboration entre les professionnels de la santé, les agences de services sociaux, les professionnels du droit, les forces de l'ordre, les groupes communautaires et les chercheurs permet de regrouper des ressources, une expertise et des connaissances pour créer une réponse complète et coordonnée à la maltraitance envers les personnes âgées.

Le rôle des individus, des communautés, des organisations et des décideurs : Individus

Chaque individu peut contribuer à un monde sans maltraitance envers les personnes âgées en respectant et en valorisant les personnes âgées, en soutenant les membres plus âgés de la famille et les voisins, en défendant les droits des personnes âgées et en signalant tout signe de maltraitance ou de négligence. En favorisant les liens intergénérationnels, en promouvant l'empathie et en remettant en question l'âgisme, les individus peuvent jouer un rôle essentiel dans la prévention de la maltraitance envers les personnes âgées.

Communautés

Les communautés ont le pouvoir de créer un environnement qui protège les personnes âgées. En favorisant une culture du respect, de la collaboration intergénérationnelle et de l'inclusion sociale, les communautés peuvent réduire l'isolement social, promouvoir le bien-être et créer des réseaux de soutien qui préviennent la maltraitance envers les personnes âgées.

Organisations

Les organisations, y compris les organismes à but non lucratif, les groupes de défense et les prestataires de services, ont la responsabilité de donner la priorité à la prévention de la maltraitance envers les personnes âgées et au soutien. En fournissant des ressources, de l'éducation, des services de soutien et des plates-formes de collaboration, les organisations peuvent contribuer à créer un monde où la maltraitance envers les personnes âgées n'est pas tolérée.

Décideurs

Les décideurs ont le pouvoir de promulguer des lois et de développer des politiques qui protègent les droits et le bien-être des personnes âgées. En donnant la priorité à la prévention de la maltraitance envers les personnes âgées, au financement des services de soutien et à l'intégration des droits des personnes âgées dans les agendas nationaux, les décideurs peuvent créer un environnement qui favorise le respect, la sécurité et la dignité des personnes âgées.

Conclusion

Ce livre a exploré le problème multifacette de la maltraitance des personnes âgées, offrant une compréhension globale de ses divers aspects, impacts et stratégies pour y faire face et la prévenir. La maltraitance des personnes âgées est une préoccupation mondiale qui transcende les frontières géographiques, culturelles et socio-économiques, affectant la vie des personnes âgées de différentes manières. Tout au long des chapitres, nous avons plongé dans la définition de la maltraitance des personnes âgées, ses différentes formes telles que physique, émotionnelle, financière et de négligence, et les facteurs complexes qui contribuent à sa survenue.

L'une des principales conclusions de ce livre est la reconnaissance de l'impact profond de la maltraitance des personnes âgées sur les personnes âgées. Elle affecte leur santé physique, leur bien-être émotionnel et leur qualité de vie globale. La maltraitance des personnes âgées prive les personnes âgées de leur dignité, de leur autonomie et de leur sentiment de sécurité, sapant leurs droits fondamentaux en tant qu'êtres humains. En comprenant les conséquences étendues de la maltraitance des personnes âgées, nous pouvons mieux apprécier l'urgence et l'importance de traiter cette question.

De plus, ce livre a souligné l'importance de la prévention et de l'intervention précoce dans la lutte contre la maltraitance des personnes âgées. En sensibilisant, en favorisant l'éducation et en encourageant une culture du respect et du soutien envers les personnes âgées, nous pouvons créer un environnement moins propice à la maltraitance. Les stratégies de prévention doivent cibler non seulement les individus, mais aussi les communautés, les organisations et les décideurs. En renforçant les cadres juridiques, en mettant en œuvre des politiques et en allouant des ressources, nous pouvons établir une base solide pour la prévention de la maltraitance des personnes âgées et garantir la protection des personnes âgées.

Le livre a exploré le rôle essentiel des services de soutien et des approches thérapeutiques dans l'assistance aux survivants de la maltraitance des personnes âgées. Les soins axés sur les traumatismes, le counseling, les groupes de soutien et l'accès aux ressources sont des composantes essentielles de la guérison et de la récupération pour les personnes âgées ayant subi des mauvais traitements. Ces services doivent être complets, culturellement sensibles et facilement accessibles pour garantir que les survivants reçoivent le soutien nécessaire pour reconstruire leur vie.

De plus, le livre a mis en lumière les perspectives mondiales et les défis entourant la maltraitance des personnes âgées. En examinant les perspectives interculturelles, nous comprenons que la maltraitance des personnes âgées se manifeste différemment dans différents contextes culturels. La reconnaissance des normes, des valeurs et des pratiques culturelles est cruciale pour développer des interventions et des stratégies efficaces qui respectent la diversité et favorisent la collaboration au sein des communautés.

Créer un monde exempt de maltraitance des personnes âgées exige un effort collectif de la part des individus, des communautés, des organisations et des décideurs. Cela demande un changement dans les attitudes de la société, la mise en œuvre de stratégies de prévention complètes, la fourniture de services de soutien accessibles et l'adoption de cadres juridiques solides. En priorisant les droits, la dignité et le bien-être des personnes âgées, nous pouvons travailler vers une société qui chérit et protège sa population âgée.

Laissez ce livre servir de appel à l'action, inspirant les individus à devenir des défenseurs des personnes âgées, les communautés à favoriser l'harmonie intergénérationnelle, les organisations à donner la priorité à la prévention de la maltraitance des personnes âgées, et les décideurs à adopter des politiques qui garantissent les droits des personnes âgées. Ensemble, nous pouvons créer un avenir où la maltraitance des personnes âgées est éradiquée, où les personnes âgées sont respectées, et où chaque individupeut vieillir avec dignité, sécurité et le soutien qu'il mérite.

www.ingramcontent.com/pod-product-compliance
Lightning Source LLC
LaVergne TN
LVHW061528070526
838199LV00009B/420